ICH BIN ICH!

ICH BIN ICH!

Finde heraus, wer du bist

Megan Kaye

DK

Text Megan Kaye
Fachliche Beratung Joannah Ginsburg, LCSW

Redaktion Allison Singer, Nancy Ellwood
Cheflektorat Dawn Henderson
Redaktionsleitung Peggy Vance
Bildredaktion Christine Keilty
Gestaltung und Satz Collette Sadler, Mandy Earey,
Saskia Janssen, Jessica Lee, Charlotte Seymour
Designassistenz Kate Fenton
Herstellung Andy Hilliard, Oliver Jeffreys
Umschlaggestaltung Nicola Powling
Art Director Peter Luff

Für die deutsche Ausgabe:
Programmleitung Monika Schlitzer
Projektbetreuung Dörte Eppelin
Herstellungsleitung Dorothee Whittaker
Herstellungskoordination Arnika Marx
Herstellung Christine Rühmer

Titel der englischen Originalausgabe:
Do You Know Who You Are?

© Dorling Kindersley Limited, London, 2014
Ein Unternehmen der Penguin Random House Group
Alle Rechte vorbehalten

© der deutschsprachigen Ausgabe by Dorling Kindersley Verlag
GmbH, München, 2016
Alle deutschsprachigen Rechte vorbehalten

Jegliche – auch auszugsweise – Verwertung,
Wiedergabe, Vervielfältigung oder Speicherung,
ob elektronisch, mechanisch, durch Fotokopie
oder Aufzeichnung, bedarf der vorherigen
schriftlichen Genehmigung durch den Verlag.

Übersetzung Kristine Harth
Lektorat Sandra Noa

ISBN 978-3-8310-2952-5

Druck und Bindung RR Donnelley Asia Printing
Solutions Limited, China

Besuchen Sie uns im Internet
www.dorlingkindersley.de

Quellenachweis der hervorgehobenen Zitate
25: John Ruskin: *Steine von Venedig.* **41:** Walt Whitman: „Gesang
von der freien Straße", *Grashalme.* **45:** Arthur O'Shaughnessy:
„Ode", *Music and Moonlight.* **46:** Emily Dickinson: „Gedicht 531",
Gedichte. **47:** Lord Byron: „Finsternis", *Gedichte.* **51:** François de La
Rochefoucauld: *Maximen und Reflexionen.* **57:** Lewis Carroll:
Alice im Wunderland. **58:** L. M. Montgomery: *Anne in Avonlea.*
69: Lorenz Hart: „With a Song in My Heart", *Spring is Here.*
97: Charlotte Brontë: *Jane Eyre.* **114:** Elizabeth Loftus: „How reliable
is your memory?" (Vortrag im Juni 2013). **122:** Rainer Maria Rilke:
Die Aufzeichnungen des Malte Laurids Brigge. **123:** Frances
Hodgson Burnett: *Sara, die kleine Prinzessin.* **150:** Ralph
Waldo Emerson: *Natur.* **163, oben:** F. Scott Fitzgerald:
Der große Gatsby. **163, unten:** Charlotte Brontë:
Jane Eyre. **169:** Aesop: „Der Löwe und die
Maus", *Fabeln.* **191:** Louisa May Alcott:
Betty und ihre Schwestern.

Inhalt

Einleitung

Wer bist du? Das ist die wohl wichtigste Frage, die du jemals beantworten musst. Die Suche nach Selbsterkenntnis fasziniert jeden. Dein Ich ist schließlich die Linse, durch die du die Welt siehst, und das Gesicht, das du ihr präsentierst. Wenn du nicht weißt, wer du bist, kann es schwierig sein herauszufinden, wo du stehst. Deine eigenen Gedanken, Gefühle und deine Persönlichkeit zu verstehen, ist der Ausgangspunkt dafür, auch alles andere in den Griff zu kriegen.

Doch welches ist dein **wahres** Ich? Du allein, du unter Freunden oder du in der Familie? Ist es das Ich, das du in der Schule bist, im Netz, bei einem Date, auf einem Konzert? **Das Leben kann kompliziert sein** und Identität ist veränderlich. Frage dich „**Wer bin ich?**" und du kannst tausend verschiedene Antworten finden.

Nun, für tausend Seiten war in diesem Buch kein Platz, aber es warten eine Menge **Fragebögen, Tests, Quizze, Schreibanregungen** und **Gedankenexperimente** auf dich. Es gibt keinen richtigen Weg, dieses Buch zu lesen: Du kannst vorn anfangen und dich bis zur letzten Seite durcharbeiten. Du kannst es durchblättern und dich für das

entscheiden, wonach dir gerade der Sinn steht, oder – wenn du richtig **abenteuerlustig** bist – einfach irgendwo eine Seite aufschlagen. Du kannst die Tests allein machen oder für besonderen Spaß mit Freunden und der Familie. Ebenso wie es viele Wege gibt, ein großartiger Mensch zu sein, gibt es auch mehr als eine Art, dieses Buch zu lesen. Finde deinen ganz **persönlichen Stil.**

Zu viele Persönlichkeitstests bieten nur eine positive Antwortmöglichkeit. (Es ist wie bei Goldlöckchen und den drei Bären: Bekommst du Ergebnis A, bist du sehr zu dies. Bekommst du Ergebnis C, bist du sehr zu das. Aber wenn du Ergebnis B bekommst, kannst du dich entspannen, denn dann bist du genau richtig.) Wir wissen alle: **So ist das echte Leben nicht!** Also anstatt ärgerliche Fallen wie diese zu stellen, haben unsere Quizze verschiedene gute und weniger gute Antworten. Beinahe jede hat **Vor- und Nachteile,** denn die hat auch jede Art von Persönlichkeit. Ziel ist es, herauszufinden, **wer du bist,** und nicht, abzugleichen, ob du so bist, **wie du sein „solltest".** Wie dein Ich auch sein mag, es gibt immer Wege, die beste, glücklichste, freundlichste und pfiffigste Version davon zu sein.

Einige unserer Tests basieren auf der Arbeit von Psychologen, andere **sollen einfach unterhaltsam sein.** Manche haben vorgegebene Antwortmöglichkeiten, die dich zu verschiedenen Ergebnissen führen, andere sind offener gehalten und leiten dich an, während du selbst herausarbeitest, wie du zu Dingen stehst. (Und, hey, welche Art von Test du bevorzugst, verrät dir wahrscheinlich auch schon etwas über dich selbst.)

Bist du heute dieselbe Person wie früher? Wer, glaubst du, wirst du in Zukunft sein? Im Ernst, **wer bist du?** Blättere um und beginne, diese alles entscheidende Frage zu beantworten. Oder eben nicht: Schlage eine x-beliebige Seite mitten im Buch auf oder leihe es deiner besten Freundin. Verzieh dich in dein Zimmer und öffne es vorsichtig an deinem Schreibtisch oder mach's dir damit unter der Bettdecke bequem. Die Entscheidung liegt, wie immer in diesem Buch, **ganz bei dir.**

Fünf-Faktoren-Test

Hast du dich schon einmal gefragt: **„Welche Persönlichkeit habe ich?"** Dann schließt sich gleich die nächste Frage an: Was bedeutet das überhaupt, „Persönlichkeit"? Diese große Frage beschäftigt Psychiater und Psychologen. Der Fünf-Faktoren-Test ist ein absoluter Klassiker, um Persönlichkeitsmerkmale zu bestimmen.

Die Grundidee ist folgende:

Bei Persönlichkeitsmerkmalen gibt es kein Entweder-oder, sondern fließende Übergänge – niemand ist durch und durch böse oder uneingeschränkt gut, und niemand ist vollkommen stabil oder absolut leichtsinnig. Vielmehr neigen wir tendenziell eher zum einen oder zum anderen Extrem. Die Idee hinter dem „Big Five"-Test ist es zu sehen, wo du dich auf der Skala zwischen den Extremen einordnest. Also sieh dir diese fünf Faktoren an und überlege, wo du landest.

Faktor eins

- Neue Ideen begeistern mich. ◯
- Kunst ist mir sehr wichtig. ◯
- Ich habe einen großen Wortschatz und nutze ihn gern. ◯
- Abstrakte Begriffe reizen mich. ◯
- Ich setze gern meine Fantasie ein. ◯
- Ich vertiefe mich gern in theoretische Gespräche. ◯

Gib dir Punkte von 1 bis 5, je nachdem, wie stark die Aussagen auf dich zutreffen:

(1) = So gut wie nie
(2) = Eigentlich nicht
(3) = Mal so, mal so
(4) = Ja, wahrscheinlich
(5) = Auf jeden Fall

Dann zähle deine Punkte für jeden Faktor zusammen und blättere um, um deine Antworten zu analysieren. Wenn du weniger als 6 oder mehr als 30 Punkte für einen Faktor rausbekommst, rechne noch mal nach. Mit einer Punktzahl von 18 landest du im Mittelfeld.

Faktor drei

- Ich lerne gern sooft wie möglich neue Leute kennen. ◯
- Ich bin eine Stimmungskanone. ◯
- Oft bin ich es, die ein Gespräch beginnt. ◯
- Es ist wirklich leicht, mich kennenzulernen. ◯
- Ich rede schnell und grüble kaum. ◯
- Ich stehe gern im Mittelpunkt. ◯

Faktor zwei

- Ich mache Pläne und halte mich daran. ◯
- Ich bin immer gut vorbereitet. ◯
- Ich zeige Initiative. ◯
- Ich lege Wert darauf, Ordnung zu halten. ◯
- Wenn etwas getan werden muss, drücke ich mich nicht. ◯
- Ich schenke kleinen Details große Beachtung. ◯

Faktor fünf

- Ich nehme Leute mehr oder weniger so an, wie sie sind. ◯
- Ich nehme mir Zeit, anderen zu helfen. ◯
- Ich sorge gern dafür, dass andere sich wohlfühlen. ◯
- Ich vergebe und vergesse lieber, als Groll zu hegen. ◯
- Ich kümmere mich um die Probleme anderer wie um meine eigenen. ◯
- Ich versuche freundlich zu bleiben. ◯

Faktor vier

- Ich bin meistens ziemlich streng mit mir selbst. ◯
- Es ist nicht schwer, mich zu stressen. ◯
- Ich fühle mich oft bedroht. ◯
- Wenn mir jemand Unrecht tut, kann ich ganz schön wütend werden. ◯
- Es fällt mir nicht leicht zu entspannen. ◯
- Ich bin häufig traurig. ◯

Ergebnisse auf der nächsten Seite ... >

Fünf-Faktoren-Test
Ergebnisse

Faktor eins gesamt: ....

Faktor zwei gesamt: ....

Faktor drei gesamt: ....

Faktor vier gesamt: ....

Faktor fünf gesamt: ....

Faktor eins
misst, wie offen du für Erfahrungen bist.

Manche Menschen sind **Abenteurer,** ob nun tatsächlich auf Reisen oder in der Welt der **Ideen** und **Emotionen.** Sie mögen Vielfalt und sind häufig kreativ. Andere Menschen bevorzugen Routine und Vertrautheit, das **Bewährte.** Die Skala reicht von **Neugier bis Vorsicht.** Eine höhere Punktzahl bedeutet, dass du Neuem gegenüber offener bist, eine niedrigere Zahl heißt, du magst das, was du schon kennst. Natürlich ist das immer situationsabhängig: Wer beispielsweise ständig **Stress** hat, ist womöglich **vorsichtig,** da mehr auf dem Spiel steht. Wenn dein Leben **in sicheren Bahnen** verläuft, sehnst du dich nach **Stimulation** und hast genug Mut, um auf Entdeckungstour zu gehen. Die beiden Extreme ziehen sich stark an – wenn sich die Welt dir öffnet, ist das **aufregend und einschüchternd** zugleich.

Faktor zwei
misst deine Gewissenhaftigkeit.

Menschen, die in diesem Teil viele Punkte sammeln, sind oft **disziplinierter und zielstrebiger.** Diejenigen, die weniger Punkte erzielen, sind häufig **spontan** und **improvisieren** lieber, als zu planen. Die Gesellschaft übt Druck aus, gewissenhaft zu sein – wir wollen, dass die Menschen um uns herum ihre Aufgaben erfüllen (selbst wenn wir gar nicht so scharf darauf sind, unsere eigenen zu erfüllen) –, und viele Menschen müssen sich ständig anhören: **„Du musst mehr Verantwortung übernehmen!"** Doch Pflichtbewusstsein kann auch einschränken – wir kennen wohl alle jemanden, der regelmäßig mehr Aufgaben übernimmt, als er müsste, weil er nicht Nein sagen kann. Wie bei allen Faktoren ist es eine persönliche Frage, wie viel Gewissenhaftigkeit in einer Situation **angemessen** ist, und es gibt keine „richtige" Art, wie man zu jeder Zeit sein sollte.

Faktor drei

misst deine Extraversion/Introversion.

Eine hohe Punktzahl bedeutet, du bist eher **extravertiert**, eine niedrige, eher **introvertiert**. Dieser Test zeigt nicht an, wie **freundlich** du bist – es gibt genauso viele liebenswürdige Introvertierte wie unhöfliche Extravertierte. Vielmehr sagt dir der Test, ob du **Energie** aus allein verbrachter Zeit oder aus Zeit mit anderen Menschen schöpfst. Wenn dich eine Party in Stimmung bringt und ein Nachmittag allein langweilt, ist das **Extraversion**. Wenn du zwar gern **Freunde triffst** oder ausgehst, danach aber etwas **Zeit allein** oder mit einem guten Buch brauchst, ist das **Introversion**. Manche sozialen Gruppen und Kulturen eignen sich eher für Introvertierte, in anderen fühlen sich Extravertierte wohler. Die Hauptsache ist hier, ein gutes Gespür für deine Bedürfnisse zu haben, damit du dir **deine Zeit so einteilen** kannst, dass es dich nicht auslaugt. Jeder muss mal Kraft tanken, egal auf welche Weise.

Faktor vier

misst deinen Neurotizismus.

Das Wort klingt harsch und irgendwie nach **Sigmund Freud**. Stell dir Neurotizismus als die Frage vor, wie leicht du dich ärgerst. Manche Menschen neigen dazu, **Wut, Traurigkeit und Sorge** häufiger zu fühlen, während andere gelassen bleiben. Eine niedrige Punktzahl beim Neurotizismus bedeutet nicht unbedingt, dass du immer **gut gelaunt** und **sorglos** bist, dich bringt bloß so leicht nichts aus der Fassung. Ein hohes Ergebnis bedeutet auch nicht, dass du ein **unglücklicher Mensch** bist. Du reagierst emotional stärker auf schlechte Nachrichten. Aber wenn du zugleich auch ein Talent hast, schnell über schlechte Gefühle hinwegzukommen, trifft es **„feinfühlig"** vielleicht besser als **„neurotisch"**. Falls du hier viele Punkte erreicht hast, mach dir keine Sorgen (obwohl das bei dir wahrscheinlicher ist!) – sieh es einfach als einen Anlass, dir deiner Gefühle bewusster zu werden, und behalte dein Wohlbefinden **im Auge**.

Faktor fünf

misst deine Umgänglichkeit.

Manche Leute sind **kooperative Typen**, die sich gern gut mit anderen verstehen, während andere **misstrauischer** sind und sich erst mal um sich selbst sorgen, bevor sie sich anderen öffnen. Ein hohes Ergebnis in diesem Teil bedeutet, dass du zu den umgänglichen Typen gehörst. **Solche Menschen** sind **höflicher** und kommen gut in **Gruppen** klar. Andererseits kann ein **niedrigeres Level** an Umgänglichkeit **gute Führungsqualitäten** bedeuten. Manchmal braucht eine Gruppe jemanden, der auf das beste Ergebnis drängt, anstatt aus Höflichkeit zu schweigen. Wenn du dir in diesem Teil wenig Punkte gegeben hast, denke daran: Es gibt **positive** Wege, **„nicht umgänglich"** zu sein, ohne gleich **unsozial** zu werden. Manche Situationen profitieren von einem Querdenker, der alle auf den Boden der Tatsachen zurückholt. Also lass durch äußeren Druck nicht deine **wahren Gedanken und Gefühle** verstummen.

Deine ultimative Playlist

Seitdem der Mensch Werkzeuge herstellt, fertigt er auch Musikinstrumente: Archäologen haben Flöten aus Tierknochen gefunden, die über 42 000 Jahre alt sind! In unserem heutigen technologischen Wunderland, in dem man Tausende von Melodien in die Hosentasche stecken kann, ist es schier unmöglich, durch die Straße zu laufen, ohne jemanden mit Kopfhörern auf den Ohren zu sehen. Ob Schlaflied für ein Baby, peppiger Dance-Track, Siegeshymne oder derselbe Song 20-mal hintereinander, um über eine Trennung hinwegzukommen – Musik ist eine besondere Sprache, in der wir uns selbst mitteilen können, wer wir wirklich sind.

„Jedes **Herz** singt ein **Lied.**"

Platon

♫ **WER BIST DU, MUSIKALISCH GESEHEN? GESTALTE EINE PLAYLIST AUS DEN 10 WICHTIGSTEN LIEDERN DEINES LEBENS, DIE DICH REPRÄSENTIEREN.**

1 Lied:
Künstler:

2 Lied:
Künstler:

3 Lied:
Künstler:

4 Lied:
Künstler:

5 Lied:
Künstler:

6 Lied:
Künstler:

7 Lied:
Künstler:

8 Lied:
Künstler:

9 Lied:
Künstler:

10 Lied:
Künstler:

♫ **NOTIERE DEIN MUSIKALISCHES MANTRA. WAS BEDEUTET DIR MUSIK?**

♫ **LISTE 5 MENSCHEN AUS DEINEM LEBEN UND EINEN PASSENDEN SONG AUF.**

1 Person:
Lied:

2 Person:
Lied:

3 Person:
Lied:

4 Person:
Lied:

5 Person:
Lied:

♫ **WELCHES LIED WAR AM TAG DEINER GEBURT AUF PLATZ 1 DER CHARTS?**

Moderne Familie

Familienbande

„Familie" – jeder weiß, was das bedeutet. Aber wenn man zehn verschiedene Leute bittet, das Wort genau zu definieren, bekommt man wahrscheinlich zehn verschiedene Antworten. Familie ist nicht, wer wir sind, sie ist aber gewöhnlich unser Ausgangspunkt. Wie ist deine Familie und was bedeutet sie dir?

1 WAS SIND DEINE HAUPTROLLEN IN DER FAMILIE? („Tochter und Schwester", „Enkelin und Cousine", „Tochter, Stieftochter und Stiefschwester" etc.)

Tochter, Schwester

4 WELCHE WERTE SIND DEINER MEINUNG NACH DEINER FAMILIE WICHTIG?

Unterstützung

2 HÄLTST DU DEINE FAMILIE EHER FÜR TRADITIONELL ODER FÜR UNKONVENTIONELL, UND WARUM?

Traditionell mit Hang zur Offenheit,

5 WIE HAT SICH DAS VERHÄLTNIS ZU DEINER FAMILIE VERÄNDERT, SEIT DU KLEIN WARST?

Immer die Kleine, im Weg, heute: immer in Sorge

3 WAS UNTERNEHMT IHR GERN ALS FAMILIE ZUSAMMEN?

Essen!

6 WIE WÜRDEST DU DEINE FAMILIE IN EINEM SATZ ZUSAMMENFASSEN?

Asiatisch mit kleinen europäischen Zügen

Blättere um ...

< Wo gehörst du hin?

Es gibt Studien darüber, ob die Geburtenfolge in einer Familie die Persönlichkeit von Kindern prägt. Diese Wissenschaft ist nicht perfekt – während die jüngsten Kinder zum Beispiel meistens kontaktfreudig sind, kann natürlich auch ein Nesthäkchen introvertiert sein. Lies die Beschreibung, die auf dich zutrifft, und überlege, ob sie zu deiner Persönlichkeit passt oder nicht.

EINZELKIND

Einzelkinder erleben innerhalb der Familienstruktur weniger Hierarchie. Ohne Wettbewerb um Aufmerksamkeit können sie sich auf ihre eigenen Bedürfnisse und Sehnsüchte konzentrieren. Einzelkinder können Anführer und Perfektionisten sein. Sie arbeiten meist lieber allein als im Team.

ÄLTESTES KIND

Erstgeborene sind meist durchsetzungsfähig und übernehmen Führungsrollen, da sie es gewohnt sind, Anweisungen zu geben. Sie fühlen sich für andere Menschen, Projekte oder die Welt verantwortlich. Sie sind verlässlich und respektieren Autorität.

MITTLERES KIND

Mittlere Geschwister fühlen sich zu Hause manchmal wie „in der Menge verloren". Sie sind kontaktfreudige, kreative Denker und können viele Menschen unter einen Hut bringen. Häufig verschlossen, zeigen sie ihr wahres Ich nur ihren besten Freunden.

JÜNGSTES KIND

Jüngste Kinder sind häufig aufgeschlossen, lebensfroh und immer auf der Suche nach neuen Abenteuern. Sie fühlen sich wohl dabei, zu sagen, was sie denken, und sind gut darin, die Aufmerksamkeit einer Gruppe auf sich zu ziehen. Sie sind spontan und handeln lieber drauflos, als zu planen.

TRIFFT DIE „TYPISCHE" BESCHREIBUNG AUF DICH ZU?
Warum oder warum nicht?

Immer viel am überlegen, meistens stiller

Dein Stammbaum

Ein Stammbaum ist eine bildliche Methode, um Ordnung in deine Verwandtschaft und Vorfahren zu bringen. Jedes Familienmitglied bekommt sein eigenes Blatt. Linien zwischen den Blättern zeigen die Verbindungen zwischen den Menschen.

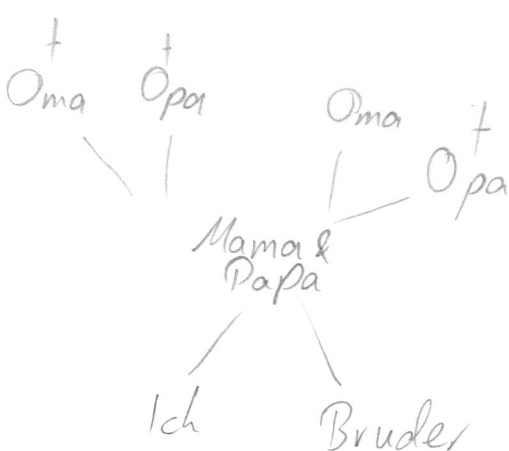

Oma † Opa † Oma Opa †
Mama & Papa
Ich Bruder

Zeichne hier deinen Stammbaum. Du kannst ihn so einfach (nur Namen) oder kompliziert (Namen, Geburts- und Todesdaten, Geburtsort usw.) halten, wie du magst.

WELCHES TIER BIST DU?
Suche dein Geburtsjahr ...

CHINA-

RATTE
klug • reich • erfolgreich
lebhaft • anpassungsfähig • beliebt
ordentlich • clever • zugänglich
vernünftig • neugierig

SCHWEIN
beherzt • ruhig • stark • tolerant
ehrlich • offen • galant
optimistisch • hitzig • gütig
fröhlich • großzügig

HUND
direkt • treu
mutig • geschickt • klug
warmherzig • zuverlässig
inspirierend • dickköpfig • lieb

HAHN
grüblerisch • ehrlich • clever
kommunikativ • ehrgeizig
fähig • warmherzig
attraktiv • beschäftigt • ordentlich

AFFE
schlagfertig • lebhaft • flexibel
geistreich • vielseitig • sportlich
selbstsicher • gesellig • innovativ
praktisch • kreativ

ZIEGE
zärtlich • höflich • ruhig • clever
gutherzig • empfindsam • treu
weise • sanft • mitfühlend
vorsichtig • umsichtig

    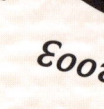 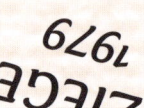  

RATTE 1984 1996 2008
SCHWEIN 1983 1995 2007
HUND 1982 1994 2006
HAHN 1981 1993 2005 2004
AFFE 1980 1992 2003
ZIEGE 1979 1991

MEIN GEBURTSJAHR IST ....

ICH BIN EIN ....

HOROSKOP

BÜFFEL
1985
1997
2009

TIGER
1986
1998
2010
2011

HASE
1999
1987

DRACHE
2000
1988

SCHLANGE
2001
1989

PFERD
2012
2013
2002
1990
1978

BÜFFEL
ehrlich • fleißig • geduldig
vorsichtig • talentierter Anführer
willensstark • nachdenklich
sanftmütig • liebenswert

TIGER
tolerant • standhaft • tapfer
respektiert • aktiv • ausdrucksstark
aufrichtig • ehrlich • intelligent
treu • tugendhaft

HASE
sanft • empfindsam • mitfühlend
liebenswert • bescheiden • gnädig
romantisch • interessant • leise sprechend
gastfreundlich • tröstend

DRACHE
lebhaft • intellektuell • energisch
reizbar • perfektionistisch
ehrgeizig • großherzig
offen • ehrenhaft • munter

SCHLANGE
gut gelaunt • kommunikativ
gütig • tugendhaft • weise
unabhängig • mitfühlend
entschlossen • intensiv • feurig

PFERD
einfallsreich • clever • lieb
abenteuerlustig • redselig • scharfsinnig
fröhlich • talentiert • derb • aktiv
liebenswert • stur

IM JANUAR ODER FEBRUAR GEBOREN?
SIEH IN EINEM CHINESISCHEN
KALENDER NACH – DU KÖNNTEST DAS
TIER DES VORJAHRES SEIN.

Dein Zimmer

Ein Jugendzimmer ist Zeugnis davon, was wir behalten möchten und wodurch wir uns zu Hause fühlen. Schau dich in deinem Zimmer um. Was sagt es über dich aus?

FENG-SHUI

Feng-Shui – wörtlich „Wind und Wasser" – ist eine alte chinesische Kunst, die den Menschen in Harmonie mit dem „Qi", der Energie des Universums, bringen soll. Indem wir unseren Wohnraum gestalten, beeinflussen wir den Fluss des Qi. Ein wenig Feng-Shui kann für ein schönes Zimmer sorgen. Dieses Diagramm nennt man „Bagua-Karte":

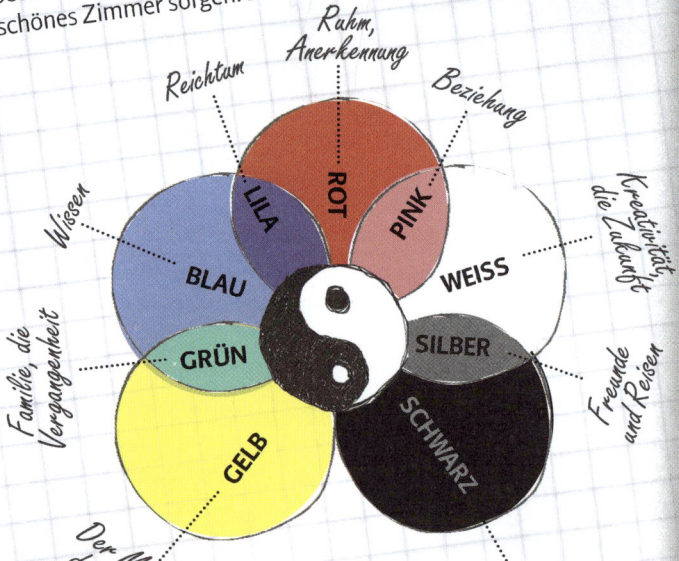

Reichtum
Ruhm, Anerkennung
Beziehung
Wissen
Kreativität, die Zukunft
LILA
ROT
PINK
BLAU
WEISS
GRÜN
SILBER
Familie, die Vergangenheit
Freunde und Reisen
GELB
SCHWARZ
Der Mittelpunkt, das ganze Selbst
Karriere

Skizziere hier, wie du dein Zimmer umgestalten könntest.

Stelle dich mit dem Rücken zur Tür und halte die Karte so, dass der rote Teil von dir wegzeigt. Dann widme deine Aufmerksamkeit den Bereichen, die es am nötigsten haben: Räume auf, stell deine Möbel um oder eine Zimmerpflanze dazu. Für zusätzliches Glück in einem Bereich, füge die entsprechende Farbe hinzu.

Farbe bekennen

Es gibt Farben, die dir gut stehen, und solche, die dir gefallen ... doch welche Farbe hat deine Persönlichkeit? Wähle eine Antwort auf jede Frage und blättere dann weiter, um es herauszufinden.

2. WIE VERBRINGST DU AM LIEBSTEN DEN ABEND MIT DEINEN FREUNDEN?

A. Mit Tanzen in einem hippen neuen Club ☐

B. Mit Sternegucken bei einem Picknick im Park ☐

C. Bei einem guten Essen in einem ruhigen, gemütlichen Restaurant, das ihr alle mögt ☒

D. Mit Abhängen und Quatschen daheim ☐

E. Mit einem Film von einem Lieblingsregisseur ☐

F. Mit Karaoke, bis sich die Balken biegen ☐

1. ZWEI MENSCHEN, DIE DIR VIEL BEDEUTEN, HABEN EINEN STREIT. WAS TUST DU?

A. Dich einmischen: Du kämpfst immer für denjenigen, der deiner Meinung nach Recht hat. ☐

B. Dich raushalten: Wenn man sich einmischt, macht man alles nur noch schlimmer. ☐

C. Vermitteln: Den beiden ruhig die Sichtweise des anderen darlegen. ☒

D. Abstand nehmen: Du traust ihnen zu, das allein zu klären, und bist anschließend für sie da. ☐

E. Sie ablenken: Eine Aktivität vorschlagen, von der du weißt, dass beide sie genießen werden. ☐

F. Es dabei bewenden lassen: Das ist keine große Sache. Konflikte gehören zum Leben dazu und ein guter Streit schafft klare Verhältnisse. ☐

3. WAS IST DEINE LIEBLINGSMETHODE, UM SAUBER ZU WERDEN?

A. Eine schnelle, voll aufgedrehte Dusche ☐

B. Hauptsache warmes Wasser und Seife ☐

C. Ein ausgedehntes Bad mit beruhigender Musik ☐

D. Ein Schaumbad und dein Lieblingsbuch ☐

E. Eine lange, produktive Dusche – da kommen dir die besten Ideen ☒

F. Ein Whirlpool mit Wasserstrahl und Blubberblasen ☐

4. ES SIND SOMMERFERIEN. WIE SIEHT DEIN TRAUMURLAUB AUS?

A. Mit dem Snowboard die Pisten hinabjagen oder einen Bergpfad mit dem Mountainbike ☐

B. Durch üppige Wälder wandern – nur du, dein Schwarm und die zwitschernden Vögel ☐

C. In einem feinen Wellnesshotel entspannen, bis zum Hals in warmem, sprudelndem Wasser ☐

D. An einem warmen Strand liegen, mit Sonne, Wellen und ein paar guten Freunden ☐

E. Einem sachkundigen Führer durch das historische Viertel einer coolen Stadt folgen ☐

F. An einem Kulturfestival teilnehmen: Leben und Begeisterung, wohin man schaut ☒

6. WENN DU DAS ABENDESSEN KOCHEN DÜRFTEST, WAS WÜRDEST DU WÄHLEN?

A. Ein exotisches Gericht mit vielen Gewürzen – etwas, das du noch nie zuvor gekocht hast ☐

B. Einen warmen Eintopf, der dich mit Vitaminen und Gemüse versorgt ☐

C. Hühnchen, Reis und Gemüse – einfach, sättigend und lecker ☐

D. Leckere Nudeln mit klebriger Käsesoße und einen riesigen Eisbecher mit Karamellsoße ☐

E. Wraps mit ganz unterschiedlichen Füllungen und scharfen Soßen zum Experimentieren ☒

F. Einen bunten Salat, bei dem sich unter jedem Blatt schmackhafte Nüsse und Beeren verstecken ☐

5. DU PASST EINE STUNDE LANG AUF EIN KIND AUF. WIE UNTERHÄLTST DU ES?

A. Ihr bewaffnet euch mit Wasserpistolen und jagt euch durch den Garten. ☐

B. Du holst Stifte und Papier raus und ihr malt zusammen ein Bild. ☐

C. Du setzt dich mit ihm hin und fragst es ruhig nach seinem Tag. ☐

D. Ihr baut eine riesige Höhle aus Bettlaken, kuschelt euch hinein und singt gemeinsam Lieder. ☐

E. Ihr wählt ein paar Bücher für eine Vorlesestunde aus. ☐

F. Du suchst ein paar seiner Kuscheltiere heraus und spielst spontan Puppentheater. ☒

7. DU BIST ALLEIN ZU HAUSE. WIE VERBRINGST DU DEN ABEND?

A. Du planst etwas, um deine Freunde zu überraschen, wenn du sie morgen siehst. ☐

B. Du bastelst angefangene Projekte fertig oder probierst ein neues Kochrezept aus. ☐

C. Du nutzt die Zeit, um schon mal die Hausaufgaben für nächste Woche zu machen. ☐

D. Du schaltest deine Lieblingsserie ein und machst es dir auf dem Sofa bequem. ☒

E. Du klickst deine Lieblingswebsites an und siehst nach, was du verpasst hast. ☒

F. Du hörst laut Musik und singst dazu in eine Haarbürste. ☐

Blättere um für die Analyse ... >

Farbe bekennen
Analyse

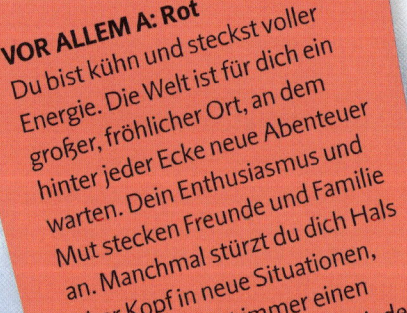

Sieh dir auf den vorherigen Seiten noch mal deine Antworten an. Welchen Buchstaben hast du am häufigsten angekreuzt? Der entsprechende Text verrät dir die Farbe deiner Persönlichkeit.

VOR ALLEM A: Rot
Du bist kühn und steckst voller Energie. Die Welt ist für dich ein großer, fröhlicher Ort, an dem hinter jeder Ecke neue Abenteuer warten. Dein Enthusiasmus und Mut stecken Freunde und Familie an. Manchmal stürzt du dich Hals über Kopf in neue Situationen, doch du findest immer einen Weg, erhobenen Hauptes wieder herauszukommen.

VOR ALLEM B: Grün
Du bist ein Naturmensch auf der Suche nach Ausgewogenheit und Kreativität. Ruhe sagt dir zu, doch du hältst deine Gedanken aktiv. Andere schätzen deine Vorstellungskraft und Aufgeschlossenheit. Ärgert dich jemand, kannst du ungeduldig werden – doch unter Freunden sorgst du für viel Freude.

VOR ALLEM C: Blau
Du bist ein ruhiger Typ: Deine Reinheit und Ruhe lässt alle sich besser fühlen. Dem Leben begegnest du mit Anmut und bleibst im Kern immer freundlich, egal wie sehr sich eine Situation aufschaukelt. Unter Druck bist du vielleicht etwas zu still, doch du weißt, wie du zu Dingen stehst.

VOR ALLEM D: Gelb
Du fühlst dich wohl, wohin du auch gehst, und deine innere Wärme zieht andere an. Deinem Leben geben dir die Menschen und Orte, die du liebst, am meisten Bedeutung. Unter Stress verlierst du dich manchmal im Alltagstrott, doch am Ende findest du immer einen Weg, dich daraus zu befreien.

VOR ALLEM E: Silber
Der Verstand ist zum Denken da und du lässt deinen nicht einrosten. Neugier belebt dich: Selbst wenn du ruhig wirkst, erlebst du in deinem Kopf gerade etwas Neues. Wenn du dir Sorgen machst, hast du manchmal Schwierigkeiten, deine Gefühle mitzuteilen – doch wer dich wirklich kennt, findet dich unglaublich faszinierend.

VOR ALLEM F: Lila
Das Leben ist ein Abenteuer und du hast nicht vor, auch nur einen einzigen Augenblick zu verpassen. Dank deiner Eigenarten und deinem Gespür für Dramatik sind Menschen gern um dich, und du weißt vor allen anderen, wo man Spaß haben kann. Deine starken Gefühle überwältigen dich zwar manchmal, aber am Ende schaffst du es immer, die Dinge aus mehr als nur einer Perspektive zu sehen.

"DIE REINSTEN und **nachdenklichsten** GEMÜTER sind es gerade, welche die Farbe AM MEISTEN lieben."

John Ruskin, *Steine von Venedig*

DEIN STERNZEICHEN

Horoskope sind fest mit dem Stoff unserer Kultur verwoben. Bist du ein Sternengucker oder ein Skeptiker? Informiere dich unten über dein Sternzeichen. (Die Astrologen sind sich uneinig, welche Daten für die Sternzeichen zutreffen – wir haben die gängigsten verwendet.)

WIDDER • Aries • 21. März–20. April
Dein Element: **Feuer** • Dein herrschender Planet: **Mars**

Deine Stärken: Widder-Mädchen sind abenteuerlustig, optimistisch und auf der Suche nach neuen Gelegenheiten. Ihre Begeisterungsfähigkeit wirkt anziehend, denn mit ihnen kann man Spaß haben. Sie sind auch unabhängig: Widder sind freundlich und arglos, brauchen aber niemanden, um sich zu bestätigen.

Deine Schwächen: Widder sind nicht immer geduldig. Eine frustrierte Widder-Frau kann launisch oder anstrengend sein.

STIER • Taurus • 21. April–21. Mai
Dein Element: **Erde** • Dein herrschender Planet: **Venus**

Deine Stärken: Geduldige und beständige Stiere bleiben cool, selbst wenn die Welt auf dem Kopf steht. Überaus treu und mutig, ist ein Stier-Mädchen zuverlässig und ausdauernd. Eine Realistin, die auch die schönen Dinge im Leben zu schätzen weiß. Wenn du willst, dass es richtig gemacht wird, frag einen Stier.

Deine Schwächen: Stiere können stur sein, kommen schlecht mit Veränderungen zurecht und neigen zu Geheimniskrämerei.

ZWILLINGE • Gemini • 22. Mai–21. Juni
Dein Element: **Luft** • Dein herrschender Planet: **Merkur**

Deine Stärken: Zwillinge sind anpassungsfähig und strotzen nur so vor Charme. Mit schneller Auffassungsgabe und von Natur aus ausdrucksstark, sind sie flexibel, tolerant, fantasievoll und haben einen starken Sinn für Unabhängigkeit. Niemand ist interessanter als ein Zwilling, der seine Klugheit nutzt.

Deine Schwächen: Zwillinge können launisch und verantwortungslos sein, wenn ihre schwankenden Gefühle sie irreleiten.

WIDDER

STIER

ZWILLINGE

KREBS • Cancer • 22. Juni–22. Juli
Dein Element: **Wasser** • Dein herrschender Planet: **Mond**

Deine Stärken: Trotz harter Schale haben Krebs-Mädchen einen liebevollen Kern. Ihre Gefühle sind tief und ihre Liebe ist stark, was sie zu einem fürsorglichen und zugänglichen Menschen macht. Krebse sind Geber, die Art von Mensch, an den man sich wendet, wenn man eine Schulter zum Ausweinen braucht. Kreative und vorausdenkende Krebse stehen zu ihren Prinzipien sowie zu den Menschen, die ihnen wichtig sind.

Deine Schwächen: Wenn eine Krebs-Dame ihr Selbstbewusstsein verliert, kann sie anhänglich und unvernünftig werden.

LÖWE • Leo • 23. Juli–23. August
Dein Element: **Feuer** • Dein herrschender Planet: **Sonne**

Deine Stärken: Die Löwin ist eine Anführerin mit Glamour und einem Auftreten, das Respekt hervorruft. Löwinnen sind stolz, und das zu Recht. Redlichkeit, Ehrgeiz und Großzügigkeit machen sie zu wahren Anführerinnen. In Gruppen schaut man zu ihnen auf, was sie aufblühen lässt. Löwinnen sind unabhängig, aber keine Einzelgänger. Die selbstbewusste, aber realistische Löwin mag es aufregend. Insgeheim hat sie eine gefühlvolle Ader, doch sie behauptet sich stets.

Deine Schwächen: Wenn ihr Bedürfnis nach Aufmerksamkeit sie übermannt, kann eine Löwin melodramatisch, herrisch und prahlerisch sein. Löwinnen sollten ihr Ego stets unter Kontrolle halten.

JUNGFRAU • Virgo • 24. August–22. September
Dein Element: **Erde** • Dein herrschender Planet: **Merkur**

Deine Stärken: Jungfrauen sind klug und helfen von Natur aus gern, indem sie ihr analytisches Denken sinnvoll einsetzen. Dem aufmerksamen Blick einer Jungfrau entgeht fast nichts, und du kannst darauf wetten, dass sie Falsches richtigstellt. Eine Jungfrau, menschlich und zart, arbeitet hart und ist gut informiert, also ein unerlässliches Gruppenmitglied, in dessen Gegenwart sich andere wohlfühlen.

Deine Schwächen: Jungfrauen können mit Kritik nicht immer umgehen. Besonders, wenn ihre Sorgen sie überwältigen, verlieren sie manchmal das große Ganze aus den Augen.

WAAGE • Libra
23. September–23. Oktober
Dein Element: **Luft** • Dein herrschender Planet: **Venus**

Deine Stärken: Der intuitiven und fairen Waage sind Gleichgewicht und Harmonie sehr wichtig. Trotz ihrer natürlichen Leidenschaft für Gerechtigkeit geht sie ebenso diplomatisch wie elegant mit Menschen um. Waagen haben die seltene Fähigkeit, andere zu beeinflussen, ohne Druck auf sie auszuüben. Außerdem haben sie eine Liebe zur Schönheit, die nicht nur die dingliche Welt einschließt, sondern auch das Gute der Menschheit.

Deine Schwächen: Waagen fallen Entscheidungen schwer. Im Konfliktfall können sie zögerlich oder gar heuchlerisch wirken.

SKORPION • Scorpio
24. Oktober–22. November
Dein Element: **Wasser** • Deine herrschenden Planeten: **Pluto, Mars**

Deine Stärken: Niemand hat mehr Willenskraft als ein Skorpion. Intensiv und entschlossen stößt er direkt zum Kern der Dinge vor, egal ob intellektuelles oder zwischenmenschliches Problem. Skorpione sind mutig, leidenschaftlich und bereit, alles Nötige zu tun für die Menschen oder Dinge, die ihnen wichtig sind. Sie sind pfiffig genug, in jeder Situation einen Weg zu finden.

Deine Schwächen: Die Wildheit eines Skorpions kann außer Kontrolle geraten und sie aggressiv machen. Sie sind gefährliche Gegner.

SCHÜTZE • Sagittarius
23. November–21. Dezember
Dein Element: **Feuer** • Dein herrschender Planet: **Jupiter**

Deine Stärken: Humorvoll, ehrlich und bodenständig – Schützen begegnen dem Leben voller Eifer. Optimistische Schützen mit Unternehmungslust und Freiheitssinn können wie ein frischer Wind sein. Sie sind großzügig und furchtlos in dem Wissen, dass ihnen niemand ihre Stärke nehmen kann, und haben eine wilde Seite, die ihnen zusätzlichen Elan und Mut verleiht.

Deine Schwächen: Schützen sagen, was sie denken, wenn sie ihre Wirkung auf andere vergessen. Das kann unhöflich wirken. Taktgefühl ist nicht gerade ihre Stärke, ebenso wenig Geduld. Sie neigen dazu, die Grenzen zu übertreten und andere unabsichtlich zu verärgern.

STEINBOCK • Capricornus
22. Dezember–20. Januar
Dein Element: **Erde** • Dein herrschender Planet: **Saturn**

Deine Stärken: Nichts stoppt den langsamen, aber stetigen Anstieg einer Steinbock-Frau zum Gipfel. Als pragmatischstes und ernsthaftestes Sternzeichen will sie alles richtig machen. Ihrem Ehrgeiz kommt nur noch ihr praktisches Denken gleich. Sie arbeitet hart und zeigt stets Charakter, wobei Geduld und Begeisterung sie selbst durch härteste Zeiten bringt.

Deine Schwäche: Hinter der vernünftigen Fassade versteckt sich häufig große Unsicherheit. Ein Steinbock setzt sich selbst oft zu sehr unter Druck und endet dann allein, da er materialistisch und unnahbar wirkt.

WASSERMANN • Aquarius
21. Januar–18. Februar
Dein Element: **Luft** • Deine herrschenden Planeten: **Uranus, Saturn**

Deine Stärken: Exzentrische, fantasievolle Wassermann-Frauen wirken rebellisch oder träumerisch. Sie bringen Gesundheit und Klarheit in die Gemeinschaft und können ihrer Zeit um Jahre voraus sein. Die Welt erscheint ihnen voller Möglichkeiten.

Deine Schwächen: Wassermann-Damen neigen dazu, von anderen zu viel zu erwarten, Verpflichtungen widersprechen ihrer Natur.

FISCHE • Pisces
19. Februar–20. März
Dein Element: **Wasser** • Deine herrschenden Planeten: **Neptun, Jupiter**

Deine Stärken: Fische-Mädchen sind weichherzige Träumerinnen mit tiefen Gefühlen. Mitfühlend passen sie sich den Menschen um sie herum an und akzeptieren sie, wie sie wirklich sind, indem sie Güte und Emotionen freigiebig ver- und mitteilen. Oft künstlerisch veranlagt, wissen Fische, wie sie sich ausdrücken können, und lassen sich von ihrer Umwelt zutiefst inspirieren.

Deine Schwächen: Ohne Disziplin und Unterstützung können Fische in Selbstmitleid verfallen. Sie rappeln sich von den Schlägen des Lebens nur schwer wieder auf.

Hennatattoos

Henna ist eine Körperkunst. In Indien und Nordafrika beispielsweise schmücken Künstler die Hände und Füße von Bräuten mit Mustern, die eine lange, glückliche Ehe symbolisieren. Doch Henna wird nicht nur bei religiösen Ritualen eingesetzt. Bei Musikfestivals, am Strand oder im Park begegnen uns weltliche, moderne Hennatattoos. Sie sind hübsch, schmerzfrei aufzutragen und immer wieder veränderbar – was gibt es da nicht zu mögen?

Ob zu religiösen Zwecken oder einfach zum Spaß – Hennabilder sind reich an Symbolismus. Gestalte deine eigenen Muster oder verwende für den Anfang diese Auswahl an indischen Bildchen.

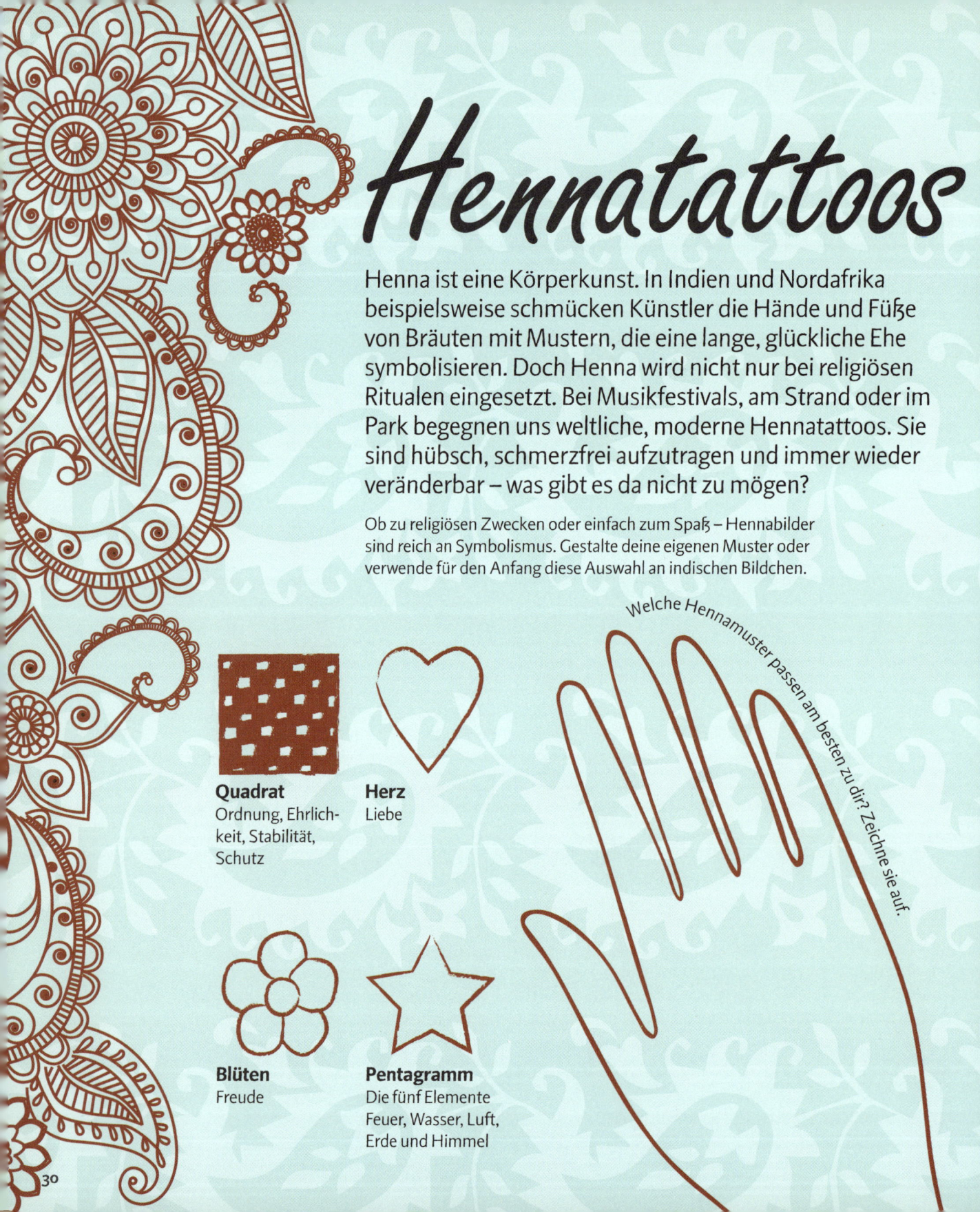

Welche Hennamuster passen am besten zu dir? Zeichne sie auf.

Quadrat
Ordnung, Ehrlichkeit, Stabilität, Schutz

Herz
Liebe

Blüten
Freude

Pentagramm
Die fünf Elemente Feuer, Wasser, Luft, Erde und Himmel

Was ist Henna?

Henna gehört zu den ältesten Kosmetika der Welt. Es ist eine pflanzliche Farbe, die gemahlen und mit Wasser angerührt einen orangefarbenen Ton ergibt. Auf der Haut sorgt er für einen eindrucksvollen Effekt.

Libelle
Veränderung, Wiedergeburt

Pfau
Schönheit

Paisleymuster
Glück, Fruchtbarkeit

Skorpion
Romantik

Wellen
Leidenschaft

Auge
Schutz vor Unglück

Bei diesen Händen zeigt die Handfläche nach oben, was Offenheit bedeutet.

Kreis
Perfektion, Unendlichkeit

Raute
Erkenntnis

Dreieck, Spitze nach oben
Männlichkeit, Feuer, Aufstieg in den Himmel

Dreieck, Spitze nach unten
Weiblichkeit, Wasser, Fruchtbarkeit, Anmut

Ranken
Beharrlichkeit, Zärtlichkeit

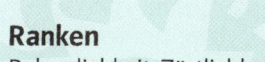

Siehst du mich ...

oder siehst du mich nicht?

Zeigst du der Welt dein wahres Gesicht oder pflegst du sorgsam ein öffentliches Image? Bist du du selbst oder spürst du den Druck, dich in eine Form zu pressen, die nicht wirklich für dich gemacht ist? Uns selbst kennenzulernen ist eine lebenslange Aufgabe. Doch die meisten von uns haben zumindest eine Ahnung, was ihre Persönlichkeit ausmacht.

Versuche doch mal diese Übung. So funktioniert's:

Sieh dir die Wörter auf der nächsten Seite an und **kreise** zehn davon **ein**, die deiner Meinung nach dein wahres Ich am besten beschreiben.

Dann zeichne ein **Sternchen** neben die zehn Wörter, mit denen deine Freunde, Klassen- oder Mannschaftskameradinnen dich beschreiben würden.

Zum Schluss setze einen **Haken** neben die zehn Wörter, die die Erwachsenen in deinem Leben – Eltern, Verwandte, Lehrer, Trainer – mit dir verbinden.

selbstbewusst

clever

fantasievoll

impulsiv

nett

stark

ruhig

zäh

nachdenklich

schelmisch

spirituell

theatralisch

logisch

zupackend

charakterfest

friedensstiftend

schüchtern

friedlich

politisch

dynamisch

vernünftig

verträumt

gesellig

heißblütig

dreist

ehrgeizig

forsch

engagiert

genial

spaßig

unterhaltsam

nachsichtig

scharfsinnig

fröhlich

glamourös

mutig

ernst

sensibel

unabhängig

hoffnungsvoll

lustig

umgänglich

drollig

freundlich

analytisch

ausdauernd

entschlossen

gütig

reserviert

bedacht

idealistisch

sarkastisch

warmherzig

strebsam

besorgt

weise

großzügig

energisch

künstlerisch

beharrlich

Blättere um ... >

33

‹ Was zeigen deine Antworten?

„Sei du selbst" ist einer dieser ermüdenden Ratschläge, die zwar leicht zu geben, aber weit schwerer zu befolgen sind.

Während es wichtig ist, dir grundsätzlich selbst treu zu bleiben, muss man sich in der Realität natürlich an verschiedene Situationen anpassen – zumindest ein bisschen.

Der Grund, warum „Sei du selbst" trotzdem ein guter Rat ist? Ganz einfach: Du kommst weiter, wenn du ehrlich mit anderen kommunizierst. Zeigst du ihnen nicht, wie du wirklich denkst und fühlst, werden sie es womöglich nie herausfinden. Und wenn jemand bloß eine vorgetäuschte Version von dir mag, hat er dich nicht richtig kennengelernt. Der Trick ist es, ein Gleichgewicht zu finden, das es dir ermöglicht, in verschiedenen Situationen klarzukommen, ohne dass du dich selbst verbiegen musst, um dich akzeptiert zu fühlen.

Sieh dir noch mal deine Markierungen auf der vorherigen Seite an und lies dann die Analyse, die am ehesten auf dich zutrifft.

1 ICH HABE DIE MEISTEN WÖRTER MIT KREIS, STERNCHEN UND HAKEN MARKIERT.

Das klingt, als ob du ziemlich viel Selbstvertrauen hast. Respekt! Du hast kein Problem damit, der Welt dein wahres Ich zu zeigen.

Du bist entweder ein harmonischer Mensch, der nicht das Bedürfnis hat, einen Teil von sich zu verstecken, oder ein störrisches Individuum, das bereit ist, Integrität zu zeigen, selbst wenn das manchmal Konflikte schürt.

Pass auf, dass du dein Selbstbild nicht umdichtest, um den Vorstellungen zu entsprechen, die andere von dir haben – diesen Weg zu beschreiten, bedeutet unendlich viel Verwirrung und kaschiert wahrscheinlich niedriges Selbstbewusstsein. Vorausgesetzt, dein wahres Ich kommt aus dir selbst, machst du deine Sache großartig.

2 ICH HABE DIESELBEN WÖRTER EINGEKREIST UND MIT STERNCHEN VERSEHEN, DOCH ANDERE WÖRTER ABGEHAKT.

Gleichaltrigen offenbarst du dein wahres Ich, doch das gilt nicht für Erwachsene. Teile deiner Persönlichkeit willst du lieber vor ihnen verbergen.

Es ist ganz normal, Autoritätspersonen anders als seinesgleichen gegenüberzutreten – unsere Freunde können uns ja schließlich weder Hausarrest noch Nachsitzen verpassen. Die Frage ist, ob du dich mit den verschiedenen Rollen wohlfühlst. Verbirgst du ernsthafte Geheimnisse? Und wenn ja, weil sie gefährlich sind oder einfach nur persönlich? Fühlst du dich von Erwachsenen gestresst oder eingeschüchtert oder hältst du es einfach für schlau, verschiedene Bereiche abzugrenzen?

Es ist ein Drahtseilakt, und zwar einer, den wir unser ganzes Leben lang meistern müssen. Ein wenig Vorsicht bei Autoritätspersonen ist vernünftig, doch es liegt an dir, wie viel Vorsicht zu viel ist.

„Ich bin stolz darauf, **wer ich heute bin:
Ich traue mich, andere Vorstellungen und
Vorlieben zu haben** als die anderen."

Natalie, 14

„Beweise **allen** deinen wahren Wert,
dann wird er auch **geschätzt werden**."

Laura-Alice, 17

3 ICH HABE VIELE WÖRTER EINGEKREIST UND ABGEHAKT, ABER DIE STERNCHEN TRAGEN ANDERE.

Die Erwachsenen in deinem Leben dürfen dich sehen, wie du wirklich bist, doch unter Freunden bist du ein anderer Mensch. Die Frage ist: Kannst du beide „Ichs" leiden?

Manchmal können unsere Freunde Seiten an uns hervorbringen, die wir unbedingt zeigen wollen, ohne zu wissen, wie – das kann wunderbar sein. Echte Freunde können dein wahres Ich verbessern und stärken, ohne dich verändern zu wollen.

Auf der anderen Seite kann uns manchmal die Angst, von Gleichaltrigen nicht akzeptiert zu werden, dazu verleiten, unsere wahren Gedanken und Gefühle zu verstecken. Wenn das bei dir der Fall ist, hast du es sicher nicht leicht. Lass dir von niemandem einreden – auch nicht von dir selbst –, dass dein wahres Ich nicht ganz wundervoll ist.

4 ICH HABE DIE MEISTEN WÖRTER MIT STERNCHEN UND HÄKCHEN MARKIERT, ABER ANDERE EINGEKREIST.

Es gibt ein „Ich", das du kennst, und eins, das alle anderen kennen.

Es ist einsam, wenn einen niemand wirklich sieht. Selbst unabhängige Menschen fühlen sich besser, wenn zumindest eine Person weiß, wer sie wirklich sind.

Wenn das bei dir der Fall ist, stehst du unter großem Druck. Sind die Menschen um dich herum nicht bereit, dein wahres Ich zu akzeptieren, oder willst du ihnen bloß keine Chance geben?

Im ersten Fall: Lass dich nicht fertigmachen. Wenn du dich in die Welt hineinwagst, wirst du viele Leute finden, die dich so nehmen, wie du bist. Im zweiten Fall solltest du den Menschen, die dich lieben, vielleicht ein wenig Vertrauen schenken. Offenbare dich erst mal nur einer Vertrauensperson und schau, wie es läuft. Das Ergebnis könnte dich positiv überraschen.

5 ICH HABE GANZ VERSCHIEDENE WÖRTER MIT STERNCHEN, KREISEN UND HÄKCHEN MARKIERT.

Du hast viele Facetten. Jeder kennt eine andere Seite von dir und niemand sieht das ganze Bild. Du musst ganz schön ausgelaugt sein!

Es ist nicht unbedingt falsch, verschiedene Rollen einzunehmen. Jeder passt sich seiner Gesellschaft leicht an, das nennt man Sozialkompetenz. Es kann ungemein befreiend sein, verschiedene Persönlichkeiten auszuprobieren. Doch es wird zum Problem, wenn sich diese so stark unterscheiden, dass du keine Verbindung zwischen ihnen mehr erkennst.

Es wird Zeit, dass du in dich gehst. Frage dich Folgendes: Was ist der rote Faden, der all diese „Ichs" zusammenhält? Wenn du ihn erkennst, findest du auch heraus, wer du tief im Inneren bist.

Du

machst

nur

Ärger!

Erkennst du einen Unruhestifter schon von Weitem? Denk an irgendeine Person aus deinem Leben. (Du musst ihren Namen hier nicht aufschreiben. Unruhestifter stecken ihre Nasen ja gern in Dinge, die sie nichts angehen ...) Kreise unten die Aussagen ein, die deiner Meinung nach auf diese Person zutreffen.

1 Ich vertraue darauf, dass sie meine Privatsphäre respektiert.

2 Wenn es Streit gibt, ist sie oft irgendwie daran beteiligt.

3 Wenn ich erfolgreich bin, freut sie sich für mich.

4 Irgendwie lenkt sie jedes Gespräch auf sich.

5 Manchmal erzählt sie Lügen, aber nur harmlose.

6 Wenn ich ihr sage, dass ihr Verhalten mich unglücklich macht, bekomme ich am Ende doch wieder den Schwarzen Peter.

7 Ihr ist es egal, dass mir andere Menschen wichtig sind.

8 Es stört sie, wenn ich etwas Unerwartetes tue, ohne es mit ihr abzuprechen.

9 Wenn mir eine Sache etwas bedeutet, respektiert sie das, selbst wenn die Sache ihr selbst unwichtig ist.

10 Manchmal fühle ich mich bei ihr wie das fünfte Rad am Wagen.

11 Wenn sie sagt, sie verzeiht mir, meint sie das auch so.

12 Viele ihrer Freundschaften waren nicht von Dauer.

13 Nach einem Tag mit ihr fühle ich mich besser in meiner Haut.

14 Wenn sie ein Geheimnis kennt, fühlt sie sich mächtig.

15 Wenn sie verärgert oder eifersüchtig ist, steht sie dazu.

16 Gespräche werden schnell negativ, wenn sie dabei ist.

Analyse auf der nächsten Seite ... >

Du machst nur Ärger!

Blättere noch einmal zurück und zähle deine Antworten.

Wie viele Aussagen mit **geraden Zahlen** hast du eingekreist?

Wie viele Aussagen mit **ungeraden Zahlen** hast du eingekreist?

Ergebnis 3:
Du hast mehr Aussagen mit geraden Zahlen eingekreist als mit ungeraden.

Ergebnis 2:
Du hast ähnlich viele Aussagen mit geraden und ungeraden Zahlen eingekreist.

Ergebnis 1:
Du hast mehr Aussagen mit ungeraden Zahlen eingekreist als mit geraden.

Da hast du eine ziemlich solide Person gefunden. Perfekt ist niemand und selbst die Nettesten unter uns können Interessenskonflikte oder hitzige Diskussionen über richtiges Verhalten haben. Aber ihr scheint euch grundsätzlich zu vertrauen und zu respektieren, wodurch ihr schwierige Momente überdauern könnt.

Keine Beziehung ist ohne Konflikte und es klingt ganz so, als würdest du mit dieser Person ein paar davon austragen. Vielleicht handelt es sich bei ihr um einen Unruhestifter. Es könnte aber auch sein, dass eure Wertvorstellungen sich einfach nur stark unterscheiden. Jeder hat seine eigenen Grenzen, und wenn sie zu unterschiedlich sind, gerät man aneinander, ohne die Quelle des Streits zu erkennen. Sprecht euch aus, vielleicht ist alles nur ein Missverständnis. Wenn das nicht klappt, ohne dass es dir danach schlecht geht, hast du es wohl mit einem Unruhestifter zu tun.

Wir würden dir ja sagen, dass du bei dieser Person vorsichtig sein solltest, aber das weißt du wahrscheinlich selbst. Manche Menschen haben ein zu großes Ego und scheren sich nicht um die Gefühle anderer. Manche starten auch aus Angst davor, beschuldigt oder verurteilt zu werden, vorsorglich lieber selbst einen Angriff. Wie dem auch sei, es klingt nicht so, als ob der Umgang mit dieser Person dein Leben besser macht. Wenn du einen Weg siehst, sie gefahrlos darauf anzusprechen, um das Problem zu lösen, ist es jetzt höchste Zeit dafür – folge einfach deinem Instinkt. Wenn du glaubst, dass eine Aussprache zu nichts führen wird, lass sie ziehen. Widme deine Zeit und Energie jemandem, der das respektieren und schätzen wird.

Ich habe schon ...

Alles klar, Zeit für die Beichte.

Sorgst du manchmal selbst für Drama? Wissen ist Macht, Beziehungen sind Macht, Einfluss ist Macht, und selbst die Besten von uns können den glitzernden Versuchungen, die sie mit sich bringt, nicht immer widerstehen. Lies dir die aufgelisteten Szenarien durch. Zu welchen bekennst du dich schuldig?

Keine Sorge, du musst deine Antworten nicht aufschreiben. Aber wenn du mehr als einen dieser Punkte auf dem Gewissen hast, überdenke deine Prioritäten. Vielleicht ist es an der Zeit sicherzustellen, dass du kein Unruhestifter im Leben eines anderen bist.

... ein Geheimnis verraten, ohne es zu merken.

... absichtlich ein Geheimnis verraten.

... um der Aufmerksamkeit willen jemanden glauben lassen, dass ich ihn mag.

... hinter ihrem Rücken etwas über eine Freundin gesagt, das ich ihr nicht ins Gesicht sagen würde.

... gelogen, um meinen Willen zu bekommen.

... jemanden aus Eifersucht beleidigt oder geärgert.

... jemanden schlecht aussehen lassen, damit man mich mehr mag als ihn.

... Freunde zum Streit angestiftet, damit ich ihnen wichtig bleibe.

... vor jemandem angegeben, der unsicher oder neidisch auf mich war.

... einen „Witz" gemacht, um jemanden zu verletzen.

... so getan, also ob ich jemanden mochte, um mich an jemandem zu rächen, der mich verletzt hatte.

... eine Beziehung beendet, indem ich die Person ignoriert habe, weil ich nicht den Mut hatte, es ihr ins Gesicht zu sagen.

... etwas aus Spaß gesagt, obwohl ich wusste, dass es jemanden verärgern würde.

... eine Freundin absichtlich in Schwierigkeiten gebracht.

... Freunde verpetzt, damit ich keinen Ärger bekomme.

... vorgegeben, etwas nicht zu verstehen, damit ich mich nicht mit den Gefühlen einer Person auseinandersetzen musste.

AUF GROSSER FAHRT

Die Straße ruft deinen Namen!

Stell dir vor: Du hast die Fahrprüfung bestanden und willst mit dem Auto eine Tour machen. Im Wagen ist Platz für vier Mitfahrer. Du kannst mitnehmen, wen du willst, egal ob tot oder lebendig. Also, **WER FÄHRT MIT?**

ICH WÄHLE ....

WEIL ....

ABER NUR WENN ER/SIE ....

....

UND ICH VERSPRECHE ....

....

ICH WÄHLE ..... *Pupsi* ....

WEIL ....

ABER NUR WENN ER/SIE ... *ganz viele* ... *tolle Fotos mit mir macht*

UND ICH VERSPRECHE ....

....

ICH WÄHLE ....

WEIL ....

ABER NUR WENN ER/SIE ....

....

UND ICH VERSPRECHE ....

....

ICH WÄHLE ....

WEIL ....

ABER NUR WENN ER/SIE ....

....

UND ICH VERSPRECHE ....

....

41

Im Reich der

Nichts ist persönlicher – oder seltsamer – als unsere Träume. Wohin führen dich deine? Beantworte die Fragen unten und nutze dann die nächste Seite als Traumtagebuch. Lege das Buch neben dein Bett und notiere nach dem Aufwachen, woran du dich vom Traum erinnerst.

Was war der beste Traum,
den du je hattest?

....
....
....

Bist du im Traum
schon mal geflogen oder gefallen?

....
....
....
....

Hattest du einen bestimmten Traum
schon mehr als einmal?

....
....
....
....

Was war der schlimmste
Albtraum, den du je hattest?

....
....
....

In welchem deiner Träume
würdest du am liebsten leben?

....
....
....

Träume

Notiere hier deine Träume!

Traumanalyse auf der nächsten Seite ... >

<Was bedeuten deine Träume?

Unsere Vorfahren hielten Träume für Zauberei. Die Mesopotamier glaubten, die Seele verließe im Schlaf den Körper, um seltsame neue Orte zu besuchen. Die alten Griechen waren überzeugt, der Traumgott Morpheus könnte uns Warnungen und Prophezeiungen schicken. Heutzutage glauben die meisten Psychologen, dass Träume entstehen, wenn unser Gehirn all die Gedanken und Gefühle sortiert, mit denen wir uns wach nicht befassen. Doch was sagen uns unsere Träume tatsächlich?

NACKTHEIT IN DER ÖFFENTLICHKEIT steht für **Ängstlichkeit**.

Wir alle fürchten, dass andere unser kompetentes Auftreten in der Öffentlichkeit durchschauen könnten. Nacktheit kann ganz allgemein für Entblößung stehen, oder dafür, dass man mehr sieht, als wir zeigen wollen.

NICHT WEGLAUFEN KÖNNEN steht für ein Gefühl von **Überforderung**.

Ein Monster, dicht auf unseren Fersen, einstürzende Wände, doch wir können nicht fliehen. Irgendwo gibt es ein Problem, aber wir wissen nicht, wie wir damit umgehen sollen. Vielleicht musst du dich etwas oder jemandem stellen.

ROMANTISCHER MOMENT steht für den Wunsch nach **Beziehungen oder Anerkennung**.

Ein romantischer Traum über jemanden, in den du verliebt bist, ist eine nette, sichere Art von Traumverwirklichung – also genieße sie! Aber wenn es um jemanden geht, der dich im wahren Leben nicht auf diese Art interessiert, willst du vielleicht nur, dass er dich klarer sieht oder als reifere, leidenschaftliche Person.

> **"Wir sind die Musiker, und wir sind die Träumer von Träumen."**
>
> Arthur O'Shaughnessy, „Ode"

DER GROSSE TEST steht für ein Gefühl von **Stress.**

Es ist Prüfungstag und du bist nicht vorbereitet! Dieser Traum repräsentiert die Angst, dass du für etwas noch nicht bereit bist und dich vielleicht nicht gut genug abgesichert hast.

GELD steht für **Selbstwertgefühl.**

Im echten Leben hat Geld finanziellen Wert. Im Traum kann es allgemeiner dafür stehen, wie wir uns selbst wertschätzen. Wenn du träumst, Geld zu bekommen, bist du vielleicht gerade zufrieden mit dir.

DIE REISE steht für ein Gefühl von **Frustration.**

Muss packen, muss den Zug erwischen! Das ist ein weiterer Angsttraum, der sich für gewöhnlich darum dreht, ein schwieriges Ziel zu erreichen oder eine Veränderung zu bewältigen – vor allem, wenn du Sorge hast, das nicht zu schaffen.

FALLEN (Dieser Traum ist reine Biologie!)

Träume vom Fallen können Unsicherheit bedeuten – aber wahrscheinlicher spielt dein Gehirn dir einen Streich. Beim Dösen können unsere Muskeln Einschlafzuckungen haben. So lösen sie das Gefühl des Fallens aus, und wir wachen ruckartig auf. Bei diesem Traum musst du dir wahrscheinlich keine großen Sorgen machen.

VERLUST EINES GELIEBTEN MENSCHEN steht dafür, dass dir **jemand oder etwas fehlt.**

Diese schrecklich traurigen Träume zeigen uns, wie viel uns jemand bedeutet, indem sie erforschen, wie wir uns fühlen würden, wenn wir ihn verlören. Manchmal erinnern sie uns daran, uns mal wieder bei der Person zu melden.

Anleitung zum

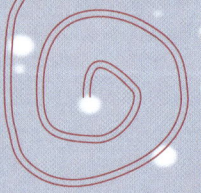

Von luziden Träumen oder Klarträumen spricht man, wenn der Träumende sich bewusst ist, dass er träumt. Eine faszinierende Fähigkeit, wenn man einmal den Bogen raushat – lehne dich einfach zurück, während dein Unterbewusstsein dich auf ein Abenteuer mitnimmt. Wenn du das Klarträumen beherrschst, kannst du womöglich sogar deinen Traum lenken.

IN DEINEN TRÄUMEN

Wie viel Kontrolle du während einem Klartraum ausüben kannst, hängt davon ab, wie hart du dafür arbeiten willst. Menschen mit hoher mentaler Disziplin können wahrscheinlicher einen erleben. Der beste Weg, um Klarträume zu fördern, ist es, deine mentalen Fähigkeiten zu verbessern.

Der Glaube an sich selbst ist ein mächtiges mentales Werkzeug, doch Geduld ist noch bedeutender. Genau wie ein Musiker mehrere Versuche benötigt, um einen Hit zu schreiben, brauchst du Übung, um die kreative Aktivität des luziden Träumens zu perfektionieren.

Vergiss nicht, dass der Prozess in erster Linie Spaß bringen soll! Mit Klarträumen kannst du dir einen Überblick über deine Träume verschaffen, um ihre mögliche Bedeutung ein wenig besser zu verstehen. Setze dich nicht unter Druck. Entspanne dich einfach und schau, wohin dich das führt.

LEG LOS

★ **Gewöhne dir an,** dich beim Aufwachen zu fragen, ob du träumst. Natürlich wird die Antwort „Nein" lauten, wenn du dir dessen bewusst bist. Doch irgendwann wird dein Gehirn vielleicht diese Gewohnheit in deine Träume einbauen, und dann lautet die Antwort „Ja".

★ **Dann führe beim Aufwachen** „Realitätschecks" durch. Schau zum Beispiel auf deine Hände, sieh weg und dann wieder hin, um zu sehen, ob sie sich verändert haben. Im Wachzustand ist das nicht der Fall – wenn aber doch, weißt du, dass du dich in einem Traum befindest. Das nennt man einen Traumhinweis.

★ **Vor dem Schlafengehen** überlege, was du in einem möglichen Klartraum tun möchtest. Dazu reicht es deinem Unterbewusstsein nicht, dir das einfach vorzustellen. Wenn du fliegen willst, mach einen Kopfstand – oder iss ein Stück Kuchen, das ist ein leichteres Traumziel!

★ **Probiere Stephen LaBerges Technik.** Stelle dir den Wecker auf 4½, 6, oder 7½ Stunden nach dem Einschlafen. Versuche, dich an deinen Traum zu erinnern. Stelle dir beim Wiedereinschlafen den Traum bildlich vor und sage dir, dass du dir des Träumens bewusst sein wirst.

★ **Oder stelle dir den Wecker** auf 5 Stunden nach dem Einschlafen oder 2 Stunden, bevor du normalerweise aufwachst. Stehe auf und bleibe 1 Stunde wach. Dabei konzentriere dich auf deine Klartraumpläne. Dann lege dich wieder schlafen.

★ **Drücke die Schlummertaste.** Manche Menschen finden, dass die Schlummertaste – die ihnen erlaubt, noch mal 10 oder 15 Minuten zu dösen – sie in einen Zustand zwischen Schlafen und Wachsein bringt. In diesem Zustand wird dir das Klarträumen viel leichter fallen.

> „ **Wir träumen / wie gut, dass wir träumen / es würde schmerzen / wären wir wach.** "
>
> Emily Dickinson, „Gedicht 531"

Klarträumen

Was sind deine Traumhinweise?

....

....

....

....

....

⭐ **Kenne deinen Rhythmus.** REM-Phasen (siehe unten) erlauben Klarträume, also finde heraus, wann sie in deinem Schlafzyklus auftreten. Um dir den Wecker zu stellen, hilft es zu wissen, wie viel Zeit normalerweise vergeht, bis du nach dem Zubettgehen einschläfst.

⭐ **Zusatztipp: Übe Meditation.** Meditation trainiert dein Gehirn auf einen Zustand ruhiger Kontrolle, der dir bei deinen Versuchen, klarzuträumen, helfen wird.

Was ist REM?
„Rapid Eye Movement"
Schlaf ist kein gleichbleibender Zustand, sondern ein Zyklus, den wir mehrmals pro Nacht durchlaufen. REM-Schlaf findet am Ende jedes Zyklus statt und wird dabei jedes Mal länger, bis wir am Morgen schließlich aufwachen. REM ist der leichteste Schlaf, währenddessen unsere Gehirnaktivität jener im Wachzustand ähnelt. Unsere Augen bewegen sich dann sehr schnell bei geschlossenen Lidern, als ob sie etwas beobachten, was nur der Träumer sehen kann.

> 99 **Mir ward ein Traum, der völlig Traum nicht war.** 66
> Lord Byron, „Finsternis"

Dein digitales Ich

Das Netz ist ein seltsamer und wunderbarer Ort.

Du kannst etwas Neues lesen, einen guten Zweck oder eine Nische finden. Menschen mit ähnlichen Interessen können sich vernetzen und Gemeinschaften bilden. Es ist auch der einfachste Weg, um mit Freunden auf dem ganzen Planeten in Kontakt zu bleiben.

Und wie nutzt **du** das Internet?

Wofür nutzt du für gewöhnlich das Internet?

....

....

....

Was ist das Coolste, das du gesehen oder gelernt hast?

Welche sozialen Medien nutzt du und warum?

Wie unterscheidet sich dein Online-Ich von deinem Ich im echten Leben?

Wie sind deine virtuellen Freundschaften im Vergleich zu denen im echten Leben?

Blättere um ... >

49

Dein digitales Ich
Denk darüber nach …

Obwohl das Netz fantastisch sein kann, ist es ein zweischneidiges Schwert – alles Gute hat auch seine Schattenseite und umgekehrt. Lies die Aussagen über das Internet unten und überlege, wie du zu ihnen stehst.

Jeder kann mit jedem reden.

☑ **DAS GUTE:** Das Internet überwindet Grenzen und schafft einen für alle gleichen Raum, in dem Menschen in Kontakt treten können.

☒ **DAS WENIGER GUTE:** Betrüger. Muss ich noch mehr sagen?

Ich finde, ...
....

Alles geht sehr schnell.

☑ **DAS GUTE:** Wenn es darum geht, eine Veranstaltung zu organisieren, kann man online rasch Berge versetzen.

☒ **DAS WENIGER GUTE:** Verfängliche Fotos oder Posts können viral werden und in null Komma nichts um die Welt gehen.

Ich finde, ...
....

Niemand weiß, wer du bist.

☑ **DAS GUTE:** Freiheit. Du kannst sagen, was du denkst, oder besprechen, worüber du mit deinen Bekannten nicht reden kannst.

☒ **DAS WENIGER GUTE:** Neider. Jeder Fiesling kann sich unerkannt danebenbenehmen.

Ich finde, ...
....

Es ist einfach.

☑ **DAS GUTE:** Ein Selfie zu verschicken dauert nur eine Minute, Fotos für Schulprojekte zu suchen ist simpel und ein Post informiert all deine Freunde auf einmal.

☒ **DAS WENIGER GUTE:** Es ist auch einfach, fies zu sein. Cybermobbing kann enormen Schmerz verursachen, ohne dass man jemanden zur Rechenschaft ziehen kann.

Ich finde, ...
....

Es ist klasse für Gruppen.

☑ **DAS GUTE:** Es ist ein Kinderspiel, sich für eine gute Sache einzusetzen oder mit anderen in Kontakt zu bleiben.

☒ **DAS WENIGER GUTE:** Die Video-Bloggerin Anita Sarkeesian spricht vom „Cybermob", wenn Gruppen sich gegen jemanden verschwören.

Ich finde, ...
....

„ WIE SELTEN AUCH wahre Liebe IST, SO IST WAHRE FREUND-SCHAFT DOCH NOCH SELTENER. "

François de La Rochefoucauld

Gute VORSÄTZE

Ist schon wieder Neujahrstag?
Nein? Na ja, sei's drum.

Die Vorsätze, die wir nur machen, weil der Jahreswechsel vor der Tür steht, werden wir höchstwahrscheinlich brechen. Eher halten wir diejenigen, die wir machen, wenn wir eine neue Aktivität oder einen überzeugenden Lebensstil entdeckt haben. Oder wenn wir beschlossen haben, dass genug genug ist, und wir uns einer schlechten Angewohnheit entledigen wollen.

Überleg mal:

Worauf warst du in letzter Zeit besonders stolz? Hast du in den letzten Monaten etwas Neues ausprobiert, das dir richtig Spaß gemacht hat? Oder hast du im Gegenteil ein paar schlechte Angewohnheiten, die du loswerden willst?

Jetzt wäre ein guter Zeitpunkt.

Rechts kannst du Vorsätze für dein neues Ich fassen: Liste fünf Dinge auf, die du noch nie gemacht hast, und tue jedes wenigstens einmal. Kleine Vorsätze schieben wir eher nicht auf, weil sie nicht so abschreckend wirken. Wenn du etwas Neues wenigstens ein Mal ausprobierst, kannst du nicht verlieren: Stellst du danach fest, dass es dir nicht liegt, fühlst du dich gut, weil du deinem Vorsatz treu geblieben bist. Gefällt es dir, hast du sogar doppelt gewonnen, weil du es noch mal machen kannst.

Welches sind deine fünf Vorsätze für dein neues Ich?

1

2

3

4

5

Was ist deine Zahl?

Nein, nicht deine Lieblingszahl. Hier geht es um Numerologie, also den uralten Glauben, dass Zahlen nicht nur eine mathematische, sondern auch eine mystische Bedeutung haben. Demnach können die Zahlen rund um deine Geburt dein ganzes Leben beeinflussen.

SO RECHNEST DU DEINE ZAHL AUS:

Schreibe die Zahlen deines Geburtsdatums auf und zähle sie zusammen. Dann addiere die Ziffern des Ergebnisses, bis du eine einzelne Ziffer zwischen 1 und 9 erhältst.

Hier ist ein Beispiel für jemanden, der am 25. Dezember 2000 geboren ist:

(Tag = 25) (Monat = 12) (Jahr = 2000)

$2 + 5 + 1 + 2 + 2 + 0 + 0 + 0 = 12$

$1 + 2 = 3$

Meine Zahl ist die:

....

Heldin

Das Gute: Individualität, Mut, hohes Selbstwertgefühl, Führungsqualitäten und Abenteuergeist

Das weniger Gute: Kann überheblich, herrisch und impulsiv sein.

Abwägende

Das Gute: Fürsorglich, umsichtig und aufgeschlossen, ein sensibler Geist und Friedensstifter

Das weniger Gute: Kann negativ, zaghaft oder zögerlich sein. Ist leicht überfordert.

Künstlerin

Das Gute: Kreativ, fröhlich und inspirierend, eine gute Sprecherin und dynamische Begleiterin

Das weniger Gute: Kann zerstreut sein oder Probleme haben, Projekte zu beenden.

Macherin

Das Gute: Zupackend, clever und beständig, schätzt Ordnung und hat die Ausdauer, Dinge zu verwirklichen.

Das weniger Gute: Kann stur oder unkreativ sein und zum Gewohnheitstier werden.

Freidenkerin

Das Gute: Eigenständig, nachdenklich und klug, eine charmante Forscherin oder Philosophin

Das weniger Gute: Kann perfektionistisch sein und wird dadurch manchmal gemein.

Forscherin

Das Gute: Ein schneller Geist, der vor Verständnis knistert, vielseitig, aktiv und neugierig.

Das weniger Gute: Kann ruhelos, unzufrieden und ungeduldig sein.

Anführerin

Das Gute: Stark, mit einem klugen Kopf auf ihren Schultern, und bereit, für andere Opfer zu bringen. Kann professionell mit Menschen umgehen.

Das weniger Gute: Kann Mitgefühl vermissen lassen und von allen, auch von sich selbst, zu viel fordern.

Menschen-freundin

Das Gute: Kooperativ und zuverlässig, selbstlos, mit einem Sinn für Familie und Gemeinschaft

Das weniger Gute: Kann herrisch sein. Weiß nicht immer, wann sie sich besser zurückhalten sollte.

Weltoffene

Das Gute: Feinsinnig und mitfühlend, empfänglich für ihre Umwelt und die Bedürfnisse anderer.

Das weniger Gute: Kann leichtsinnig handeln und sich leicht beeinflussen lassen.

Als du klein WARST

Wenn wir uns fragen „Wer bin ich?", denken wir normalerweise an *jetzt*. Manchmal kann es aber auch hilfreich sein, zurückzuschauen und darüber nachzudenken, wer wir *waren* – egal, ob wir tief im Innern noch der gleiche Mensch sind oder ob das Leben und unsere Entscheidungen uns in jemand ganz Neues verwandelt haben.

Denke daran zurück, als du sechs Jahre alt warst, und beantworte dann die folgenden Fragen.

Was war dein wertvollster Besitz?

Wer war dein bester Freund? Was mochtest du an ihm oder ihr?

Welche Spiele hast du mit Freunden gespielt?

Gab es Menschen, Orte oder Dinge, vor denen du dich gefürchtet hast?

Als wen oder was hast du
dich beim Spielen gern verkleidet?

....

....

Wie dachtest du über Schule
und Schulaufgaben?

....

....

Warst du ein Störenfried oder hast
du dich an die Regeln gehalten?

....

Wie hast du dich am
liebsten gekleidet?

....

....

....

Wer war für dich
der wichtigste Mensch
auf der Welt?

....

....

Wenn du deinem jüngeren
Selbst einen Rat geben
könntest, welcher wäre das?

....

....

....

,, Ich kann nicht ins Gestern zurück, denn dort war ich

eine andere Person. ''

Lewis Carroll, *Alice im Wunderland*

Analyse auf der nächsten Seite ... >

WAS ZEIGEN DEINE ANTWORTEN?

Lagen dir die Antworten auf diese Fragen auf der Zunge? Entweder hast du einfach ein fantastisches Gedächtnis oder du stehst mit dem Kind in dir in engem Kontakt. Es ist wahrscheinlich, dass das kleine Kind von damals noch heute einen großen Teil deiner Persönlichkeit ausmacht – und dass du Freunde, Familie und Fotos hast, die dich daran erinnern, wie toll dieses kleine Mädchen war. Sei dir aber bewusst, dass du nicht auf die Entscheidungen und die Persönlichkeit dieses Kinds festgelegt bist. Wenn wir unser sechsjähriges Ich über den weiteren Verlauf unseres Lebens entscheiden ließen, würden wir niemals erwachsen werden. Veränderung kann schwierig sein, aber gestehe dir selbst ein wenig Spielraum zu, vielleicht gefällt dir das Ergebnis.

Ist es dir schwergefallen, dich zu erinnern, wie du früher warst? Möglicherweise hast du dein früheres Ich losgelassen, um die zu werden, die du sein willst. Zeigst du dich seit Kurzem ganz anders, hast du neue Freunde gefunden, dir ein neues Hobby gesucht oder bist einem Verein beigetreten? Solche Veränderungen können viel mentale und emotionale Kapazität einnehmen. Kein Wunder, dass Zurückdenken da zurzeit nicht deine Lieblingsbeschäftigung ist. Das ist in Ordnung, aber denk daran, dass unser jüngeres Selbst manchmal den Schlüssel zu unserem wahren Ich hält. Wenn du dich unterwegs verläufst, könnte ein Blick zurück die Antwort sein.

Hast du dich beim Beantworten der Fragen gut gefühlt? Wenn dich diese Aufgabe froh gestimmt hat: großartig! Es wäre doch schön, wenn alles noch so einfach wäre wie mit sechs, stimmt's? Dem Psychologen Jean Piaget zufolge sind wir mit sechs Jahren „egozentrischer" als später – das heißt, es fällt uns noch schwer, die Dinge mit den Augen anderer zu sehen. Wenn man nur an sich selbst denkt, vereinfacht das natürlich die Welt. Vielleicht fühlst du dich bei dieser Reise in die Vergangenheit so gut, weil die Dinge heute nicht mehr so einfach sind. Wenn das der Fall ist, lass dein sechsjähriges Selbst dich leiten: Was brauchst und willst du? Es ist gut, auch die Bedürfnisse und Wünsche anderer zu berücksichtigen, aber sorge dafür, dass du dein eigenes Wohlbefinden immer selbst in der Hand hast.

> *Die Gewohnheit, ein kleines Mädchen zu sein, legt man nicht mit einem Schlag ab.*
>
> L. M. Montgomery, *Anne in Avonlea*

„Das Wichtigste mit sechs war es, Rosa zu tragen – und zwar nur Rosa!"

Laura, 14

„Als ich sechs war, wollte ich unbedingt eine Feenprinzessin sein."

Emilia, 15

Hast du dich beim Beantworten der Fragen ein wenig unwohl gefühlt?
Hast du Erinnerungen an früher, die du lieber verdrängen würdest? Oder konzentrierst du all deine Aufmerksamkeit darauf, wie du heute bist, und denkst lieber nicht darüber nach, wie du so geworden bist? Aus welchem Grund auch immer, du möchtest einfach keinen Gedanken an deine Kindheit verschwenden – du befindest dich an einem Punkt in deinem Leben, wo es für dich Wichtigeres gibt als die Vergangenheit. Nur weil sie dich gerade nicht interessiert, heißt das aber nicht, dass sie dir in der Zukunft nicht nützlich sein könnte, also gib die Erinnerungen nicht ganz auf. Wie wär's, deine Gedanken in einem Tagebuch festzuhalten, falls du sie eines Tages wieder einsehen möchtest?

„Ich liebte meine Stoffhündin Penelope über alles. Heute ist sie mir noch genauso wichtig. Ich hab sie sogar mit an die Uni genommen!"

Marie, 18

Fällt es dir schwer, Ähnlichkeiten zwischen deinem heutigen und deinem damaligen Ich zu erkennen? Gab es kürzlich einen großen Moment in deinem Leben, der dich verändert hat? Oder hast du dich bewusst verändert? Oder ist die Veränderung vielleicht langsam und schleichend vonstattengegangen und nicht plötzlich? Wie dem auch sei, du bist heute anscheinend nicht mehr dieselbe wie damals. Aber sieh genau hin: Klar, du malst nicht mehr mit Fingerfarben oder lässt dir die Kruste vom Brot abschneiden. (Oder etwa doch? Jedem das Seine!) Aber wenn's ans Eingemachte geht, an das, was dich ausmacht, ist es möglich, dass du mehr mit diesem kleinen Kind gemeinsam hast, als du dachtest.

Gibt es viele Gemeinsamkeiten zwischen deinem jüngeren und deinem heutigen Selbst?
Bekommst du häufig gesagt, dass du immer noch dem kleinen Mädchen von damals ähnelst? Hast du immer noch dieselben Vorlieben und Abneigungen, dieselben Talente und Interessen? Du hast einen starken Persönlichkeitskern, den nichts und niemand verändern kann. Das bedeutet nicht, dass du überheblich und stur bist, sondern dass du zufrieden mit dir selbst bist und dass alles, was du bis heute erlebt hast, das Selbstbewusstsein deines sechsjährigen Ichs gestärkt hat. Wenn du eines bist, dann beständig!

„Mein Onkel war für mich der wichtigste Mensch, als ich sechs war. Heute bedeutet er mir immer noch sehr viel."

Katja, 19

„Ich habe viel Zeit damit verbracht, Kleider und Accessoires für meine Puppe zu sammeln. Sie war meine beste Freundin."

Jennifer, 13

Schöne Welt

Da draußen gibt es eine ganze Welt voller Schönheit zu entdecken und ganz verschiedene Arten, sie zu sehen. Körperliche Schönheit springt den Leuten wohl zuerst ins Auge – aber in Wahrheit gibt es so viel mehr als nur Aussehen. Überlege, ob du fünf Beispiele für jede Art von Schönheit, die hier notiert ist, auflisten kannst.

SCHÖNE GEDICHTE, LIEDER, FILME ODER ANDERE KUNSTWERKE:

1
_____

2
_____

3
_____

4
_____

5
_____

SCHÖNE ORTE, DIE DU BESUCHT HAST ODER GERN BEREISEN WÜRDEST:

1
_____

2
_____

3
_____

4
_____

5
_____

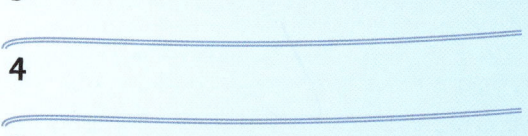

SCHÖNE AUSDRÜCKE AUF DEM GESICHT EINER GELIEBTEN PERSON:

1 _____
2 _____
3 _____
4 _____
5 _____

SCHÖNE GERÄUSCHE, DIE DU IM ALLTAG HÖRST:

1 _____
2 _____
3 _____
4 _____
5 _____

SCHÖNE GESTEN ODER TATEN, DIE MENSCHEN FÜR ANDERE TUN:

1 _____
2 _____
3 _____
4 _____
5 _____

Finde dein Mode-
jahrzehnt

Du glaubst, du bist nicht modisch? Überleg noch mal.

Manche Outfits kommen nie aus der Mode – zumindest nicht, wenn das richtige Mädchen sie rockt. Verschiedene Jahrzehnte haben verschiedene Arten von Gesichtern, Figuren und Einstellungen zu Ikonen gemacht. Wenn du ein paar der Eigenschaften hast, die in einem bestimmten Jahrzehnt im Trend lagen, würde dir vielleicht ein Retrostil gut stehen. Lass deine innere Diva raus!

Welche dieser Worte sprechen dich an?

a. Schick

b. Klassisch

c. Feminin

d. Unkonventionell

e. Fabelhaft

f. Dynamisch

g. Hip

Wie magst du deine Kleidung?

a. Geschmeidig und schlicht

b. Klar und maßgeschneidert

c. Gerüscht und voluminös

d. Fließend und locker

e. Eng anliegend

f. Breit und klobig

g. Locker und gemütlich

Welche Stilikone passt am besten zu dir?

a. Coco Chanel

b. Ingrid Bergman

c. Grace Kelly

d. Janis Joplin

e. Donna Summer

f. Madonna

g. Courtney Love

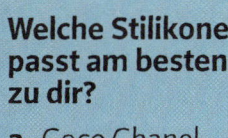

Was ist für dich die perfekte Frisur?

a. Ein kurzer Bubikopf

b. Eine schmei- chelnde Hoch- steckfrisur

c. Schöne große Locken

d. Lang und offen

e. Fransig und im Wind flatternd

f. Spektakulär mit Spray

g. Natürlich und pflegeleicht

Welches Kleidungs- stück würdest du kaufen?

a. Einen süßen Hut

b. Ein gut geschnittenes Jackett

c. Einen knallpinken Rock

d. Eine Jeans mit Schlag

e. Ein glänzendes Stretchoberteil

f. Bunte Leggings

g. Ein T-Shirt mit Bandlogo

Wie schminkst du dich?

a. Große Bambi-Augen müssen sein.

b. Minimalistisch und ordentlich

c. Stark und knallig

d. Make-up? Nicht für mich.

e. Ich mag Katzenaugen.

f. Mein Gesicht ist meine farbenfrohe Leinwand.

g. Smoky und sinnlich

Ergebnisse auf der nächsten Seite ... >

Finde dein
Mode-jahrzehnt

ERGEBNISSE

Hast du Fünfziger-Flair oder ist Flower-Power dein Ding? Finde hier dein Modejahrzehnt!

Vor allem B:
Perfektion in Kriegszeiten

Schick und elegant ist genau das Richtige für dich. Feine Maßschneiderei mit einem militärischen Einschlag, darum geht es dir. Dieser Stil wirkt damenhaft, aber auch kompetent – in den Dreißigern und Vierzigern bewiesen Frauen, dass sie anpacken konnten, während die Männer fort waren. Dein Stil strahlt Klugheit und Unabhängigkeit aus.

Filmische Mode-Inspiration:

Solange ein Herz schlägt (1945),
Es geschah in einer Nacht (1934),
Begegnung (1945)

Vor allem A:
Die wilden Zwanziger

Für dich dreht sich alles um unbekümmerten Chic. Der Stil der Zwanziger wollte vor allem feminin, aber nicht zu mädchenhaft sein. Damals galt er als gewagt und androgyn, und auch heute noch strahlen Mädchen mit 20er-Jahre-Look Unabhängigkeit und Verschmitztheit aus. Du bist anmutig, aber kein Mauerblümchen – und das weißt du auch.

Filmische Mode-Inspiration:

Tagebuch einer Verlorenen (1929),
Das gewisse Etwas (1927),
Sappho (1921)

Vor allem C:
Fünfziger-Flair

Mit Volants, deiner Kessheit und mädchenhaft wirbelnd bist du zuckersüß. Die Fünfziger waren die große Ära der Teenager und ein hyperfeminiiner Stil war in. Bei deinem Stil geht es darum, deine Jugend und Hübschheit voll auszukosten. Du nimmst keine Abkürzungen, du willst umwerfend aussehen und dich dabei prächtig amüsieren.

Filmische Mode-Inspiration:

Das Fenster zum Hof (1954),
Blondinen bevorzugt (1953),
Wie angelt man sich einen Millionär? (1953)

Vor allem D: Flower-Power

Frieden und Liebe! In den Sechzigern und Siebzigern dominierte Natürlichkeit mit Einflüssen aus anderen Kulturen und dem frischen Wind der Freiheit. Du bist ein Ein-Personen-Festival mit einem künstlerischen, farbenfrohen Look, voll von Fantasie und Träumen, was alles möglich sein könnte.

Filmische Mode-Inspiration:

Festival Express (2003, spielt im Sommer 1970), *Hair* (1979, spielt in den 60er-Jahren) *Taking Woodstock* (2009)

Vor allem E: Disco-Inferno

Auffalllend und fabelhaft bringst du die Tanzfläche zum Beben. Der Disco-Look basiert auf Glitzer und Glamour – Kleidung, die selbst in der tanzenden Menge hervorsticht. Du scheust dich nicht, laut und entzückend zu sein, und bringst auch den passenden Humor mit. Dein Motto: Ganz oder gar nicht, leuchtend und flippig!

Filmische Mode-Inspiration:

Saturday Night Fever (1977), *Xanadu* (1980)

Vor allem F: Material Girl

Kess und frech: Das Mädchen der 80er-Jahre war facettenreich und ehrgeizig, mit tollen Farben und starken Kontrasten. Die Form der Kleidung: von kantigen Schulterpolstern bis zerrissenen Klamotten. Du wirst nicht zulassen, dass irgendjemand deinen Aufstieg an die Spitze stoppt!

Filmische Mode-Inspiration:

Susan ... verzweifelt gesucht (1985), *Die Waffen der Frauen* (1988), *Pretty Woman* (1990)

Vor allem G: Großartiger Grunge

Schmerzhaft cool bist du, eine schwermütige Melodie. Funde im Secondhandladen sind für dich der Hauptgewinn. Du sehnst dich nach innerem Frieden und willst zeitlos und authentisch sein. Du bist etwas zynisch, was Mode angeht, und sparst dir Dramatik für Gedanken und Gefühle auf.

Filmische Mode-Inspiration:

Singles – Gemeinsam einsam (1992), *High Fidelity* (2000), *Hackers – Im Netz des FBI* (1995)

Was macht attraktiv?

Egal, ob sich eine Beziehung anbahnt oder eine potenzielle neue Freundschaft: Wir verstehen nicht immer, warum wir bestimmte Eigenschaften an Menschen anziehend finden. Um zu erkennen, was andere für dich attraktiv macht, musst du herausfinden, was dir wirklich wichtig ist.

Denke an Eigenschaften, die viele Menschen anziehend finden.

Wie **WICHTIG** sind sie dir?
Wie sehr **RESPEKTIERST** du diese Eigenschaften?
Wie oft helfen sie dabei, eine **LANGFRISTIGE** Beziehung zu dir aufzubauen?

Auf der nächsten Seite sortiere für jede Art von Mensch in deinem Leben die Eigenschaften nach ihrer Wichtigkeit. 1 ist dabei am wichtigsten, 10 am unwichtigsten.

Wenn du fertig bist, sieh dir deine Rangfolgen an. Welche Eigenschaften sind durchweg attraktiv für dich?

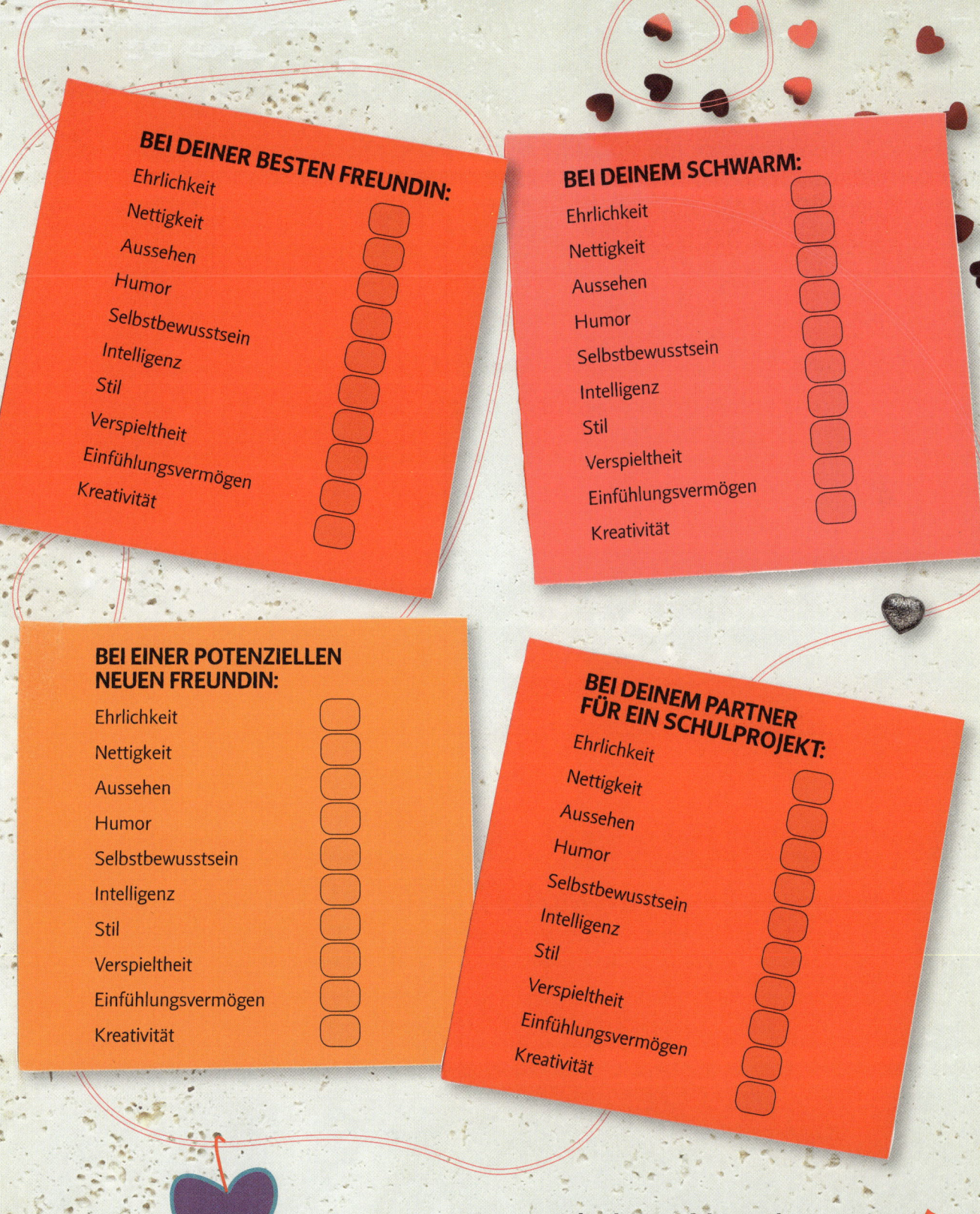

BEI DEINER BESTEN FREUNDIN:

Ehrlichkeit ☐

Nettigkeit ☐

Aussehen ☐

Humor ☐

Selbstbewusstsein ☐

Intelligenz ☐

Stil ☐

Verspieltheit ☐

Einfühlungsvermögen ☐

Kreativität ☐

BEI DEINEM SCHWARM:

Ehrlichkeit ☐

Nettigkeit ☐

Aussehen ☐

Humor ☐

Selbstbewusstsein ☐

Intelligenz ☐

Stil ☐

Verspieltheit ☐

Einfühlungsvermögen ☐

Kreativität ☐

BEI EINER POTENZIELLEN NEUEN FREUNDIN:

Ehrlichkeit ☐

Nettigkeit ☐

Aussehen ☐

Humor ☐

Selbstbewusstsein ☐

Intelligenz ☐

Stil ☐

Verspieltheit ☐

Einfühlungsvermögen ☐

Kreativität ☐

BEI DEINEM PARTNER FÜR EIN SCHULPROJEKT:

Ehrlichkeit ☐

Nettigkeit ☐

Aussehen ☐

Humor ☐

Selbstbewusstsein ☐

Intelligenz ☐

Stil ☐

Verspieltheit ☐

Einfühlungsvermögen ☐

Kreativität ☐

Mehr dazu auf der nächsten Seite ... >

Was macht attraktiv?

< Wie funktioniert Anziehungskraft?

ES GIBT VIELE VERSCHIEDENE THEORIEN DAZU, WIE ANZIEHUNGSKRAFT FUNKTIONIERT. HIER SIND EIN PAAR DER POPULÄRSTEN IDEEN. WELCHE TREFFEN BEI DIR AM EHESTEN ZU?

Gleich und gleich gesellt sich gern

Diese bekannte Theorie legt nahe, dass uns Menschen anziehen, die unsere Interessen und Meinungen teilen. Für diese Theorie spricht ihre Einfachheit: Wer die gleichen Vorlieben teilt, wird sich aller Wahrscheinlichkeit nach auch gut verstehen.

VERTRAUTES GEFÜHL

Diese Theorie besagt, dass wir uns zu Menschen hingezogen fühlen, die uns an Familienmitglieder oder Bekannte erinnern. Der offensichtliche Grund dafür ist, dass wir uns mit ihnen instinktiv wohlfühlen. Womöglich haben wir mit dieser bekannten Person aber auch eine Enttäuschung erlebt und hoffen insgeheim, die Beziehung dieses Mal erfolgreich zu führen.

68

> **„Ich wusste immer, dass ich das Leben mit einem Lied für dich im Herzen leben würde."**
>
> Lorenz Hart, „With a Song in My Heart"

GEGENSÄTZE ZIEHEN SICH AN

Ziehen uns Menschen an, deren Eigenschaften unsere eigenen ausgleichen und ergänzen? Vieles spricht dafür: Wenn man an den Schwachpunkten des anderen ansetzt oder seine Schwächen ausgleicht, kann man ein starkes Team bilden.

Vorbild

Manchmal ziehen uns auch Menschen an, die eine Eigenschaft haben, die wir bewundern und die uns selbst fehlt. Wenn dieses Gefühl auf Gegenseitigkeit beruht – oder wenn beide etwas im anderen sehen, das sie sehr mögen –, kann diese Art von Anziehung großartig sein. Doch sie kann auch Probleme verursachen. Wenn du eine Beziehung mit jemandem eingehst, von dem du viel hältst, sorge dafür, dass du auch an deine eigenen guten Eigenschaften glaubst. Verliere nicht den Glauben an dich selbst, weil du die andere Person für „besser" hältst.

Freundlicher Spiegel

Womöglich fühlen wir uns auch von Menschen angezogen, die uns so sehen, wie wir gesehen werden wollen, denn sie erlauben uns, so zu sein, wie wir möchten. Ob wir wollen oder nicht, wir alle verändern unser Verhalten leicht, je nachdem, mit wem wir zusammen sind. Wenn wir ein bestimmtes Ich genießen, das bei einer bestimmten Person zum Vorschein kommt, kann das ein starker Grund dafür sein, öfter mit dieser Person zusammen sein zu wollen.

Zeige deine Liebe

Wie zeigst du es, wenn dir jemand etwas bedeutet? Während die Liebe ein ganz universelles Gefühl ist, kann die Art, wie wir sie mitteilen, sich überraschend stark unterscheiden. Wer kennt keine Familie, in der sich im einen Moment alle anzicken und sie im nächsten lachen und sich umarmen? Oder eine Freundin, die dich piesackt, wenn ihr zu zweit seid, aber jedem mit Ärger droht, der dir blöd kommt?

Die Art von Zuneigung, die wir in der Kindheit vorgelebt bekommen, prägt, wie wir später Liebe geben und empfangen. Doch wir müssen auch einen Stil finden, der unserer eigenen Persönlichkeit und Komfortzone entspricht.

Wähle für jede Frage ZWEI Antworten aus, die dir am ehesten entsprechen. Dann blättere weiter, um herauszufinden, was sie zu bedeuten haben.

1

DEINE MAMA HATTE EINE HARTE WOCHE
und fühlt sich nun krank. Was tust du?

a. Einen Strauß Blumen pflücken oder kaufen und in einer Vase an ihr Bett stellen.

b. Mich an ihr Bett setzen und sie für diese schwierige Zeit bemitleiden.

c. Anbieten, Essen zu kochen und dafür sorgen, dass sie ihre Ruhe hat.

d. Ihre Kissen aufschütteln und sie zudecken, damit sie es gemütlich hat.

2

DEINE FREUNDIN HAT BALD EINE GROSSE PRÜFUNG und ist sehr nervös. Was tust du?

a. Sie abends ausführen und etwas Lustiges unternehmen, das sie auf andere Gedanken bringt.

b. Ihr ein offenes Ohr schenken und ihr Tipps geben, wie sie sich vorbereiten kann.

c. Karteikärtchen zum Lernen für sie schreiben oder anbieten, sie abzufragen.

d. Sie fest drücken und ihr sagen, sie soll sich keine Sorgen machen, alles wird gut.

3

DEINE BESTE FREUNDIN HAT EINEN VERWANDTEN VERLOREN und trauert. Was tust du?

a. Ihr dabei helfen, alte Fotos und Andenken herauszusuchen, um die guten Zeiten in Erinnerung zu behalten.

b. Ihr zuhören und deine Erinnerungen an die Person mit ihr teilen.

c. Anbieten, in der Schule für sie mitzuschreiben, damit sie sich auf die Familie konzentrieren kann.

d. Sie sich an deiner Schulter ausweinen lassen und für eine Umarmung bereitstehen.

4

DEINE SCHWESTER HAT DIE HAUPTROLLE im Schultheaterstück ergattert! Was tust du?

a. Ihr Ballons kaufen und sie zum Essen einladen, um die tollen Neuigkeiten zu feiern.

b. Ihr sagen, dass du von Herzen stolz auf sie bist und es nicht erwarten kannst, das Stück zu sehen.

c. Sie fragen, ob sie beim Lernen des Texts Hilfe braucht.

d. Ihre Hände nehmen und vor Aufregung schreiend auf und ab hüpfen.

5

ES IST VALENTINSTAG und du gehst seit ein paar Monaten mit jemandem. Was tust du?

a. Rosen und ein Geschenk überreichen, das auf jeden Fall gut ankommt.

b. Zu diesem Anlass sagen, was du empfindest, vielleicht sogar „Ich liebe dich" sagen.

c. Darum bitten, dir alle Gedanken zu eurer Beziehung mitzuteilen.

d. Vor der Tür mit einem Kuss überraschen.

Blättere um ...

Zeige deine Liebe

Wie zeigst du deine Zuneigung?

VOR ALLEM A:
DIE GEBERIN

Jeder kann „Ich liebe dich" sagen, doch mit Taten verleihst du deinen Worten Gewicht. Etwas für andere zu tun, ihnen ein Geschenk zu machen oder deine Zeit zu schenken, bedeutet dir sehr viel. Dabei geht es nicht unbedingt ums Geld oder die Dinge selbst, sondern um Zeit und Aufmerksamkeit für den anderen und darum, sich Gedanken zu machen, was ihn glücklich macht.

VOR ALLEM B:
DIE SAGERIN

Für dich versteht sich nichts von selbst, alles sollte klar und deutlich ausgesprochen werden. Denn wenn dir jemand wirklich etwas bedeutet, warum sollte man es ihm dann nicht sagen? Du teilst dich gern mit und willst, dass deine Liebe für andere wie ein offenes Buch ist – leicht zu lesen. Worte sind die Fenster zu deiner Seele und du lässt sie frei fließen.

VOR ALLEM C:
DIE VERSORGERIN

In deinem Alter bist du wahrscheinlich noch nicht in der Lage, andere finanziell zu versorgen, aber für dich bedeutet Liebe, dafür zu sorgen, dass der andere sich wohlfühlt – denn wenn du jemanden liebst, sorgst du dich um sein Wohlergehen. Du willst für die geliebte Person stark sein und sicherstellen, dass sie alles Nötige hat. Das beste Geschenk, das du machen kannst, ist das Gefühl, sicher und geborgen zu sein.

VOR ALLEM D:
DIE UMARMERIN

Nichts drückt „Ich liebe dich" so gut aus wie eine feste Umarmung, Händchenhalten oder ein Schulterklopfer. Berührungen sind einfach direkter als Worte. Das bedeutet nicht, dass du nicht gern sprichst – im Gegenteil, wer sich körperlich ausdrücken kann, teilt sich oft auch grundsätzlich gern mit. Doch für dich reichen Worte allein nicht aus. Du bist den Menschen gegenüber, dir die am Herzen liegen, gern liebevoll.

"Das einzige Heilmittel
bei Liebe
ist
noch mehr
Liebe."

Henry David Thoreau

LIEBE LIEBE

Super-Du!

Stell dir vor: Du wirst von einem kosmischen Strahl getroffen und darfst dir aussuchen, welche Superkraft er dir verleiht. Du hast nur fünf Sekunden, um dich zu entscheiden. Sieh dir die beliebtesten Superkräfte unten an und vertraue auf dein Bauchgefühl – welche springt dir ins Auge? Wenn du dir eine Kraft ausgesucht hast, finde auf der nächsten Seite mehr über deine Wahl heraus.

Ich kann fliegen.

Ich bin ultrastark.

Ich hab den Röntgenblick.

Ich bin total biegsam.

Ich kann mich unsichtbar machen.

Ich bin unzerstörbar.

Ich kann Gedanken lesen.

Ich habe tierische Kräfte.

Was bedeutet die ausgewählte Kraft, junge Heldin? Wenn du deinem ersten Instinkt gefolgt bist, sagt diese Wahl womöglich etwas darüber aus, wo du gerade bist und was du brauchst.

Fliegen

Sehnst du dich nach Abenteuern? Wünschst du dir, das Leben wäre aufregender? Zu fliegen ist der ultimative Traum, wortwörtlich über allem zu stehen, nicht von Pflichten und Erwartungen anderer angekettet zu werden. Wenn du dir diese Superkraft ausgesucht hast, sehnst du dich insgeheim vielleicht nach mehr Freiheit, Aufregung und Spaß.

Kraft

Kraft ist etwas, das wir nur im Vergleich messen können, etwa beim Gewichtheben mit einem anderen Menschen. Die Sehnsucht nach Stärke hängt mit unserem Platz in der Gemeinschaft zusammen. Fühlst du dich angegriffen oder willst du um jeden Preis einen Konflikt gewinnen? Oder gibt es Menschen, die du gern beschützen würdest?

Biegsamkeit

Wenn wir uns um Hindernisse herumbiegen könnten, wäre das Leben so viel einfacher! Der Wunsch nach mehr Beweglichkeit bedeutet, dass du Probleme ohne Konfrontation lösen möchtest – oder dass du sie gern ganz vermeiden würdest. Wären wir beweglicher, könnten wir unsere Ziele erreichen, ohne Gefahr zu laufen, daran zu zerbrechen.

Röntgenblick

Was verbergen die Leute? Ein Röntgenblick würde nicht viel nützen, wenn uns jeder alles offenbaren würde, das wir sehen wollen. Du wünschst dir die Macht, heimlich in das Leben von anderen einzudringen. Gibt es jemanden in deinem Leben, von dem du vermutest, dass er etwas vor dir geheim hält oder etwas tut, das du nicht billigen würdest?

Unsichtbarkeit

Manchmal ist es ermüdend, den Schein zu wahren. Wir sehnen uns nach der Freiheit, wir selbst zu sein, ohne uns um die Meinungen und Urteile von anderen zu kümmern. Wenn du gern unsichtbar wärst, gibt es vielleicht Orte, an die du gehen, oder Dinge, die du gern tun würdest, ohne die Konsequenzen fürchten zu müssen.

Unzerstörbarkeit

Wäre es nicht großartig, wenn wir einfach abschütteln könnten, was das Leben uns in den Weg legt? Wenn du diese Superkraft gewählt hast, frage dich: Womit konfrontiert dich das Leben gerade oder welche Risiken überlegst du einzugehen? Hast du eine Angst zu überwinden? Eine Aufgabe zu bestehen? Unzerstörbarkeit bedeutet Schutz vor dem Scheitern.

Tierische Instinkte

Als Menschen müssen wir zivilisiert sein – höflich, nett, zurückhaltend. Wenn wir jedoch die Kraft von Tieren hätten, könnten wir körperlich, instinktgeleitet, frei sein. Fühlst du dich gefangen in deiner Rolle als Freundin, Familienmitglied oder Schülerin? Würdest du hin und wieder gern mal brüllen wie ein Löwe?

Telepathie

Wenn wir wüssten, was andere über uns denken, müssten wir uns darüber endlich keine Sorgen mehr machen. Wie der Röntgenblick erlaubt das Gedankenlesen dir herauszufinden, was wirklich vorgeht – aber bei der Telepathie geht es mehr um die Geheimnisse und Gedanken von anderen. Sehnst du dich nach Wahrheiten oder einer ehrlichen Verbindung zu jemandem?

Beziehungen

Beziehungen sind ein wunderbarer Teil des Lebens, doch nicht einmal unsere besten, wichtigsten Beziehungen sind immer ein Zuckerschlecken. Genau genommen sind das die wenigsten. In Wahrheit ist eine gute Beziehung harte Arbeit mit vielen Hochs und Tiefs. Ob eine bestimmte Beziehung deine Zeit und Anstrengung verdient, entscheidest ganz allein du.

Wann hält eine Beziehung?

Ob Freundschaft oder Liebesbeziehung, die Antwort lautet immer gleich: Beziehungen sind von Dauer, wenn das Positive das Negative überwiegt und man aus harten Zeiten gestärkt hervorgehen kann. Denke an eine wichtige Beziehung in deinem Leben und beantworte die Fragen unten, um herauszufinden, wie du wirklich zu ihr stehst.

Ihr wollt Zeit zusammen verbringen, aber verschiedene Dinge tun. Wie gehst du damit um?

a. Ihr findet normalerweise einen Kompromiss, doch wenn nicht, wird ein getrennter Abend euch nicht umwerfen.

b. Das nervt, aber es gibt genug andere Menschen in deinem Leben, mit denen du stattdessen abhängen könntest.

c. So etwas wächst sich häufig zu einem handfesten Streit aus, bei dem es um mehr geht als nur die Abendplanung.

d. Wenn derjenige dir Kopfschmerzen bereiten will, machst du lieber etwas allein.

e. Normalerweise macht ihr das, was der andere sich wünscht.

Wie fühlst du dich nach einem Streit mit dieser Person?

a. Es war ganz schön aufwendig, das zu klären, aber jetzt könnt ihr beide das hinter euch lassen.

b. Du bist dir nicht sicher, ob das überhaupt einen Streit wert war. Klein beigeben wirst du jedenfalls nie.

c. Immer noch wütend. Ihr habt das nicht wirklich zufriedenstellend gelöst.

d. Verärgert. Warum musste derjenige es überhaupt zu dieser Situation kommen lassen?

e. Besorgt und frustriert, als ob du deine eigene Meinung für den Haussegen opfern musstest.

Denkst du manchmal darüber nach, eure Beziehung zu beenden?

a. Eigentlich nicht. Du kannst dir nicht vorstellen, dass eure Differenzen wichtiger sind als eure Gemeinsamkeiten.

b. Vielleicht. Du siehst Gründe, die dafür sprechen würden, aber im Moment stört dich das nicht allzu sehr.

c. Ja, und das beunruhigt dich.

d. Ja. Diese Person ärgert dich neuerdings mehr und mehr, und du denkst ernsthaft darüber nach, den Kontakt abzubrechen.

e. Du kannst nachvollziehen, warum der andere die Beziehung beenden wollen könnte, du selbst willst das aber nicht.

Wie besprecht ihr heikle Themen?

a. Ihr gebt beide acht, den anderen ausreden zu lassen, und macht vielleicht Scherze, um die Stimmung aufzuheitern.

b. Ihr versucht beide, sie so gut es geht zu vermeiden.

c. Immer öfter kommt es zum Streit, wenn ihr es versucht.

d. Es gibt zu viele heikle Themen zwischen euch, und das geht dir auf die Nerven.

e. Du sprichst sie nicht an, weil du weißt, dass du es bereuen würdest.

Neckt ihr euch?

a. Ihr macht euch manchmal übereinander lustig, aber immer liebevoll.

b. Nicht besonders, das kann eine Beziehung belasten.

c. Ja, obwohl es manchmal unangenehm wird.

d. Du ärgerst am meisten, manchmal kannst du nur so ausdrücken, was du wirklich denkst.

e. Meistens wirst du geärgert und manchmal verletzt das deine Gefühle.

Was ist das Beste an deiner Beziehung zu dieser Person?

a. Du weißt, dass du ihr vertrauen kannst – komme, was wolle.

b. Wenn es gut läuft, habt ihr eine Menge Spaß zusammen.

c. Ihr habt viele gute Zeiten gehabt und das bedeutet dir sehr viel.

d. Trotz ihrer vielen Fehler bist du mit ihr immer in guter Gesellschaft.

e. Du weißt nicht, was du ohne sie machen würdest.

Blättere um ... >

Beziehungen
Fortsetzung

Vor allem
A

Ihr wisst beide, was ihr aneinander habt. Keine Beziehung ist perfekt, aber ihr erwartet keine Perfektion voneinander. Stattdessen gebt ihr euch Loyalität und Akzeptanz. Wenn es eine romantische Beziehung ist: bestens! Wenn sie platonisch ist, handelt es sich womöglich um eine lebenslange Freundschaft, die sich nach einer Weile wie Familie anfühlt. Was auch immer eure Unterschiede sind, ihr habt gelernt, mit ihnen umzugehen. Halte diese Person gut fest!

Vor allem
B

Möglicherweise denkst du, dass diese Beziehung zwar gut ist, aber nicht die wichtigste in deinem Leben sein wird. Ihr genießt jedoch eure Zeit miteinander, und wenn ihr nicht zu hohe Erwartungen stellt, könnte sie kurzfristigen Spaß oder eine nette, zwanglose Langzeitbeziehung bedeuten. Nicht jede Beziehung muss tief sein, um wertvoll zu sein. Solange du dich auf die guten Seiten konzentrieren kannst und die schlechten nicht zu dominant werden – und du andere Menschen in deinem Leben hast, die die Bedürfnisse erfüllen, die diese Beziehung nicht erfüllt –, ist es gut, diesen Menschen in deiner Nähe zu behalten.

Vor allem
C

Es klingt ganz so, als zeige diese Beziehung, was auch immer sie früher einmal war, nun Anzeichen von Belastung. Vielleicht habt ihr ein Kommunikationsproblem: Wenn ihr miteinander nicht offen seid, können winzige Missverständnisse zu riesigen Problemen werden. Ist das der Fall, solltet ihr versuchen, direkter miteinander umzugehen. Es könnte auch sein, dass ihr euch auseinandergelebt. Das bedeutet aber nicht, dass du diesen Menschen aus deinem Leben ausschließen musst. Lasst ein wenig Abstand zu und gönnt euch Raum zum Atmen.

Vor allem
D

Will diese Person Zeit mit dir verbringen, du aber nicht mit ihr? Klingt ganz so, als ob du diese Beziehung langsam satt hast. Wenn das der Fall ist, macht dich das aber nicht zu einem schlechten Menschen. Natürlich sollten wir anderen grundsätzlich stets freundlich begegnen, aber manchmal wollen wir jemanden einfach nicht in unserem Leben haben. Letzten Endes ist es netter, dem anderen zu erlauben, mit der Sache abzuschließen. Beende die Beziehung schonend, aber beende sie – oder setze zumindest klare Grenzen.

Vor allem
E

Manche Beziehungen sorgen dafür, dass du dich gut fühlst – diese scheinbar nicht. Es mag dir so vorkommen, als ob du ohne diese Person verloren wärst, aber das Letzte, was du brauchst, ist jemand, bei dem du dich schlecht fühlst. Es muss nicht sein, dass sie dich absichtlich verletzt, aber irgendetwas stimmt nicht und die Beziehung tut dir nicht gut. Du hast jedes Recht, eine Beziehung zu beenden, die ungesund für dich ist. Du verdienst es, glücklich zu sein, und es gibt andere Menschen, die dich besser unterstützen können.

Fair streiten

Ein Schlüssel zu einer guten Beziehung ist die Fähigkeit zu streiten. Wenn man jemanden lange genug kennt, sind Konflikte manchmal unvermeidlich. Doch es sollte stets mit fairen Mitteln gestritten werden. Am Ende solltet ihr beide immer noch überzeugt sein, dass ihr einander mögt, und eure Differenzen zumindest teilweise beilegt. Hier sind ein paar Grundregeln, wie man einen Streit gut übersteht.

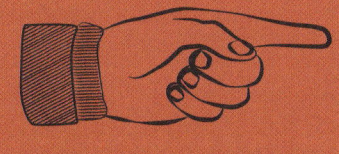

KEINESFALLS

Den anderen beschimpfen oder etwas sagen, nur damit er sich schlecht fühlt. Dadurch hältst du ihn nur davon ab, dir weiter zuzuhören.

Vergangenes wieder aufwärmen. Wenn ihr über alles streitet, was der andere je falsch gemacht hat, werdet ihr nie ein Ende finden.

Vorgeben, Gefühle zu haben, die du nicht hast. Lügen führt zu nichts. Stehe zu deinen Meinungen und Emotionen.

Versuchen, das letzte Wort zu haben, wenn sich die Sache beruhigt. Wenn du nicht zufrieden bist, sag es. Ansonsten bleibe konstruktiv.

Drohungen aussprechen oder Rache schwören.

Ultimaten setzen, zu denen du nicht stehen willst. Das könnte dich in eine brenzlige Lage bringen.

Geheimnisse oder Schwächen, die der andere dir anvertraut hat, ihm nun vorhalten. Du wirst sein Vertrauen verlieren.

UNBEDINGT

Überlegen, Tagebuch zu führen, um dir über deine Gefühle klar zu werden, bevor es Streit gibt.

Nur ansprechen, was der andere tut und wie du dich dadurch fühlst, nicht, was für ein Mensch er ist.

Festlegen, dass im Eifer des Gefechts jeder einen Satz darüber sagt, wie er sich fühlt, und dann der andere an die Reihe kommt. So bleibt der Streit einfach und kontrollierbar.

DIR ÜBERLEGEN, WIE DER ANDERE DAS PROBLEM BEHEBEN KANN. TEILE ES IHM IN KLAREN WORTEN MIT.

Schnell und klar die Punkte zugestehen, die du zugestehen willst. Es ist verblüffend, wie stark das den Stress mindert.

Den anderen daran erinnern, was er dir bedeutet. Selbst „Du bist meine beste Freundin, aber ich ärgere mich über dich" kann helfen.

Dich in den anderen hineinversetzen: Sagt abwechselnd, was der andere eurer Meinung nach vielleicht fühlt. (Nutze dies NICHT als Gelegenheit zu sticheln.)

DIE 7 CHAKRAS

Fühlst du dich heute offen und ausgeglichen?

Das Chakra (Sanskrit für „Rad") ist ein Konzept, das vielen Religionen heilig ist. Heute wird es häufig auch außerhalb der Religion eingesetzt, um zu erklären, wie Energie durch unseren Körper fließt.

An mehreren Körperstellen haben wir Zentren, in denen sich die Energie wie bei einem Strudel unablässig dreht. Wenn eines dieser Chakras blockiert ist oder aus dem Gleichgewicht gerät, fühlen wir uns unwohl. Dann müssen wir positive Energie dorthin lenken, um es zu befreien oder wieder ins Gleichgewicht zu bringen.

Sieh dir dieses Schaubild an und nimm dir ein wenig Zeit, darüber nachzudenken. Fühlen sich deine Chakras harmonisch an? Oder meinst du, sie könnten etwas positive Energie vertragen?

Blau
- Fünftes oder Halschakra
- Stelle: Kehle oder bei Männern Adamsapfel
- Steht für: Gedanken, Sprache, Kommunikation

Gelb
- Drittes oder Nabelchakra
- Stelle: Solarplexus
- Steht für: Persönlichkeit, Wille, Anstrengung

Rot
- Wurzel- oder Basischakra
- Stelle: Unteres Ende der Wirbelsäule
- Steht für: Verbindung zur Erde, unsere Urinstinkte, die Natur

Lila oder Weiß

- Kronenchakra
- Stelle: Scheitel
- Steht für: Verbindung zum Göttlichen, Transzendenz

Violett

- Sechstes Chakra oder Drittes Auge
- Stelle: Stirnmitte
- Steht für: Innensicht, Weisheit, Feingespür

Grün

- Viertes oder Herzchakra
- Stelle: Herz
- Steht für: Liebe, Großzügigkeit, Gefühle, Beziehungen

Orange

- Zweites oder Sakralchakra
- Stelle: Unterleib und bei Frauen Gebärmutter
- Steht für: Kreativität, Sexualität, Stärke

Zeig mir deine
HANDFLÄCHE

Das Handlesen, auch Chiromantie genannt, ist eine zwei- oder dreitausend Jahre alte Kunst. Man nimmt an, dass sie in Indien entstand und sich von dort aus auf der ganzen Welt verbreitete. Mit der Zeit nahm sie Traditionen aus anderen Regionen auf. Zur Zeit der Renaissance verbat König Heinrich VIII. von England das Handlesen, weil er es für gesetzwidrige Magie hielt, ähnlich wie Hexerei oder Geisterbeschwörung.

Was sagen deine Hände über dich?

Nun, das hängt auch davon ab, wen du fragst: Manche Leute glauben, dass man aus der linken Hand eines Menschen seine Vergangenheit, aus der rechten seine Zukunft ablesen kann. Oder sein Privatleben aus der linken und das öffentliche Leben aus der rechten. Andere meinen, dass man bei Jungen die rechte Hand lesen sollte und bei Mädchen die linke. Wieder andere behaupten, dass bei Linkshändern die linke Hand zu lesen ist und bei Rechtshändern die rechte. Egal, wem du glaubst, hier sind ein paar Handlese-Grundregeln.

Herzlinie

Ist sie lang ...
bist du romantisch.
Ist sie kurz ...
bist du unabhängig.
Ist sie tief ...
fühlst du Leidenschaften intensiv.
Ist sie flach ...
bist du feinfühlig und flexibel.
Ist sie unterbrochen ...
hast du vielleicht Stress in der Liebe.
Ist sie gegabelt ...
steht dir vielleicht eine Trennung bevor.
Ist sie nicht zu sehen ...
kannst du skrupellos sein.

Kopflinie

Ist sie lang ...
bist du fantasievoll.
Ist sie kurz ...
bist du pragmatisch.
Ist sie tief ...
hast du ein gutes Gedächtnis.
Ist sie flach ...
kannst du vergesslich sein.
Ist sie unterbrochen ...
wirst du Fehler machen.
Ist sie doppelt ...
wirst du begeistert werden.
Ist sie nicht zu sehen ...
kannst du faul sein.

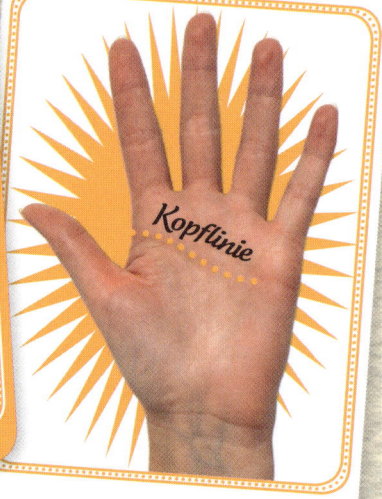

Lebenslinie

Ist sie lang ...
wirst du vor Gesundheit strotzen.
Ist sie kurz ...
wird dein Weg holprig sein.
Ist sie tief ...
wird dein Leben mühelos verlaufen.
Ist sie flach ...
könnte dein Leben stressig werden.
Ist sie unterbrochen ...
stehen dir Schwierigkeiten bevor.
Ist sie gegabelt ...
stehen wichtige Entscheidungen an.
Ist sie nicht zu sehen ...
wirst du dir Sorgen machen.

Venusring

Ist er lang ...
wirst du beliebt sein.
Ist er kurz ...
wirst du vielleicht getäuscht werden.
Ist er tief ...
kannst du Menschen manipulieren.
Ist er flach ...
fehlt dir vielleicht Sozialkompetenz.
Ist er unterbrochen ...
könnte man dich missverstehen.
Ist er gegabelt ...
beeinflusse andere nicht zu stark.
Ist er nicht zu sehen ...
musst du deinen eigenen Weg finden.

Schicksalslinie

Ist sie lang ...
wird dein Leben vorhersehbar sein.
Ist sie kurz ...
bleibe deinen Überzeugungen treu.
Ist sie tief ...
erbst du vielleicht Glück.
Ist sie flach ...
wirst du Enttäuschungen erleben.
Ist sie unterbrochen ...
musst du harte Zeiten überstehen.
Ist sie gegabelt ...
stehen dir Konflikte bevor.
Ist sie nicht zu sehen ...
ist dein Schicksal vielleicht noch
nicht entschieden.

Armbänder

Hast du mehrere ...
wirst du lange leben.
Sind sie unterbrochen ...
musst du Krankheiten überstehen.
Sind sie flach ...
musst du dir deine Energie aufsparen.
Sind sie tief ...
bist du gesund und glücklich.

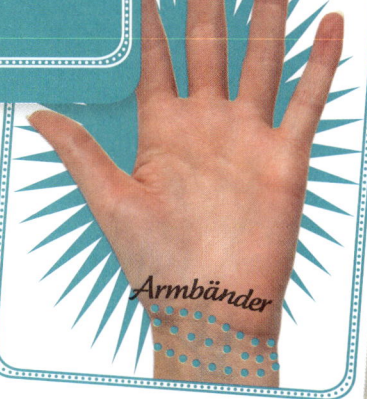

Dies oder das?

Hast du die Nase voll von all den Denkanstößen in diesem Buch? Jetzt geht's ums Bauchgefühl. Würdest du lieber ...

Kreise ein, was auf dich zutrifft.

KÖSTLICHE *Eiscreme* ESSEN **oder** IN EINEM *Whirlpool* SITZEN?

EIN RAUMSCHIFF NACH DIR BENENNEN LASSEN *oder* EINEN PARK?

DIR DEN ELLBOGEN STOSSEN *oder* IN EINE MATSCHIGE PFÜTZE FALLEN?

IN DER ÖFFENTLICHKEIT *Kinderlieder* TRÄLLERN *oder* EINEM FREMDEN ZUZWINKERN?

EINE GROSSE REDE HALTEN *oder* EINE WOCHE ALLEIN IN DEINEM ZIMMER VERBRINGEN?

MIT *Fackeln* JONGLIEREN *oder* MIT KETTEN-SÄGEN?

TANZEN *gehen* *oder* EINEN FILM ANSEHEN?

VON EINER **KLIPPE** BUNGEE-JUMPEN *oder* EINEN GLITSCHIGEN FROSCH **KÜSSEN?**

Jemanden KÜSSEN, DEN DU MAGST, ABER NICHT **ATTRAKTIV** FINDEST *oder* **ANDERS-** *herum?*

EINEN STRAND *entlanglaufen oder* **EINEN** HÜGEL HINABROLLEN?

EINE LEBENDIGE GRILLE **ESSEN** *oder* EINE **OHRFEIGE** KASSIEREN?

AUF EINEM *Bett* AUS FEDERN *oder* AUS **WASSER** SCHLAFEN?

JEMAND NEUES *kennen-lernen oder* EIN **BUCH** *lesen?*

EINE **BRÜCKE** *oder* **EINEN GARTEN** ENTWERFEN?

tanzen *oder* **SCHWIM-MEN?**

Rosmarin oder **ROSEN** RIECHEN?

MIT DEM ZUG DURCH EINE *schöne* LANDSCHAFT *oder* **AUF SKIERN** EINEN **BERG HINAB-FAHREN?**

Ohne Moos nix los

Ob du eine angehende Topmanagerin bist oder deine Finanzen dich einen feuchten Kehricht scheren, es führt kein Weg daran vorbei: Geld ist eine dieser Gegebenheiten, mit denen wir uns beschäftigen müssen. Für viele Menschen ist es ein unangenehmes Thema und die meisten von uns ahnen, dass sie ihre Finanzen besser im Griff haben könnten. Es ist nützlich, deine generelle Einstellung zu Geld zu kennen – besonders, wenn du für die Uni oder einen großen Kauf sparst. Es gibt nicht nur einen richtigen Weg, wie man mit Geld umgeht, aber es kann nicht schaden, deine Stärken und Schwächen zumindest grob zu kennen.

1. Wenn du im Lotto gewinnen würdest, was würdest du tun?

a. Dir sofort ein neues Handy und eine Spielkonsole kaufen.

b. Das Geld auf einem Sparkonto anlegen, bis du es brauchst.

c. Das Geld auf ein Girokonto einzahlen, damit du jederzeit darüber verfügen kannst.

d. Einen Profi anheuern, der dein Geld verwaltet und Wege findet, deinen neuen Reichtum noch zu vergrößern.

2. Ein Familienmitglied will mit dir ein ernstes Gespräch über deinen Umgang mit Geld führen. Wie fühlst du dich?

a. Ein wenig schuldig. Vielleicht hast du es mit dem Shoppen in letzter Zeit ein wenig übertrieben.

b. Selbstsicher. Du kannst es beruhigen, dass du alles unter Kontrolle hast.

c. Unwohl, obwohl du nichts zu verbergen hast.

d. Toll! Vielleicht hat derjenige ein paar Vorschläge, was du noch besser machen könntest.

3. Du schuldest einer Freundin etwas Geld und kannst es zum vereinbarten Zeitpunkt nicht zurückzahlen. Was tust du?

a. Um Aufschub bitten. Am Ende wird irgendwie alles gut. Wahrscheinlich.

b. Auf dein Sparkonto zurückgreifen, um das zu regeln.

c. Dich entschuldigen und vom Thema ablenken, bis du das Geld hast.

d. Einen Weg finden, zusätzliches Geld zu verdienen – vielleicht bleibt ja sogar noch etwas für dich übrig.

4. Du hast einen großen Kauf getätigt und viel mehr Geld ausgegeben als gewöhnlich. Wie fühlst du dich?

a. Enttäuscht und ein wenig besorgt. Vielleicht hast du dich diesmal übernommen.

b. Okay. Du hast das vorher durchgerechnet und kannst es dir leisten.

c. Deine Nerven sind ganz schön gebeutelt, daher versuchst du nicht so viel darüber nachzudenken.

d. Ziemlich clever. Du sorgst immer dafür, dass du den besten Deal bekommst.

5. Wie oft machst du Impulskäufe?

a. Öfter als geplante Käufe.

b. Fast nie. Wenn du einen Impuls verspürst, denkst du erst eine Weile darüber nach.

c. Manchmal, obwohl du keinen wirklichen Überblick darüber hast.

d. Nur wenn du ein tolles Angebot siehst und bei Dingen, die du sowieso irgendwann brauchen wirst.

6. Du fährst in den Urlaub. Wie viel Geld nimmst du mit?

a. Genug, um ausgiebig shoppen zu gehen.

b. Genau den Betrag, den du voraussichtlich für Jugendherberge, Verpflegung und täglichen Bedarf brauchst, damit du nicht zu viel ausgibst.

c. Keine Ahnung, das ist von Urlaub zu Urlaub ganz unterschiedlich.

d. Ein bisschen Bargeld und ein paar Werbecoupons, die du zuvor im Internet gefunden hast.

Ergebnisse auf der nächsten Seite ... >

Ohne Moos nix los

Ergebnisse

Vor allem A:
Dein Geld sitzt locker.

Nutze den Tag, das ist dein Motto. Ladenbesitzer lächeln, wenn du durch die Tür trittst. Jemanden, der gern Geld ausgibt, erkennen sie auf den ersten Blick. Für dich bedeutet Geld Spaß und Freiheit. Das Geld selbst ist dir nicht wichtig, aber es ist ein Mittel zum Zweck. Das kann großartig sein – solange du es auch entbehren kannst. Wenn du clever bist, schreibst du keine roten Zahlen, denn nichts dämpft den Spaß mehr als Überziehungszinsen. Hast du schon mal all dein Geld auf den Kopf gehauen und deswegen in Schwierigkeiten gesteckt? Wenn ja, oder wenn du befürchtest, das könnte in Zukunft passieren, überlege, ein sicheres Polster auf einem anderen Konto anzulegen. So kannst du Spaß haben, ohne dass Sorgen ihn dir verderben.

Vor allem B:
Dein Geld liegt auf der hohen Kante.

Wer den Pfennig nicht ehrt, ist des Talers nicht wert, findest du. Und um der Zukunft gelassen entgegensehen zu können, hast du dir ein dickes Polster für schlechte Zeiten angespart. Gut gemacht! Das Leben legt uns immer wieder unerwartet Steine in den Weg und manche davon – okay, die meisten – müssen bezahlt werden. Andererseits solltest du deinen Ansatz vielleicht überdenken, wenn du dir nie etwas gönnst, weil du glaubst, jeden Cent sparen zu müssen. Wenn du und deine Familie pleite sind und das Sparen der einzige Weg aus dieser Klemme ist, ist das eine Sache. Ansonsten ist es in Ordnung, dir hin und wieder etwas zu gönnen. Sei stolz auf deine Vernunft, aber bestrafe dich nicht.

Vor allem C:
Dein Geld ist ein Tabuthema.

Geld ist ein heikles Thema und du würdest lieber nicht darüber reden. Diese Einstellung hat Vor- und Nachteile. Es ist zum Beispiel weniger wahrscheinlich, dass du Geld zu einem Streitpunkt in Beziehungen machst, und das ist eine weise Entscheidung. Kaum etwas sorgt leichter für Kleinlichkeit und Verbitterung als ein Streit darüber, wer wie viel ausgibt. Auf der anderen Seite musst du dir deine Finanzen manchmal ansehen, damit es da nicht drunter und drüber geht. Eine gute Methode für dich wären zwei separate Systeme: Ein Konto für unvermeidliche Ausgaben, die du so kinderleicht im Auge behalten kannst, und ein anderes für Geld, das du nach Lust und Laune ausgeben kannst. Ein gewisser Grad an Sicherheitsgefühl – das erste Konto – und dein Herz wird viel leichter sein.

Nimm dein Geld in die Hand.

Es ist nie zu früh, ein Bewusstsein für deine Kaufgewohnheiten und gesunde Muster zu entwickeln. Deinen Finanzen jetzt schon Struktur zu geben, wird dir in Zukunft dabei helfen, deinen Bedarf zu decken. Wie auch immer deine Gewohnheiten aussehen, arbeite *mit* ihnen, anstatt zuzulassen, dass sie *gegen* dich arbeiten.

Vor allem D:
Du lässt dein Geld arbeiten.

Seht euch vor, Millionäre! Dein Geld soll Profit abwerfen. Du kennst seinen Wert und weißt, was nötig ist, um einen Euro zu verdienen. Du spekulierst vielleicht nicht an der Börse, aber du willst dein Geld clever investieren und anlegen, um das Beste aus deinen Ersparnissen herauszuholen. Wenn du das erfolgreich machst, kann das ein großer Vorteil im Leben sein – solange das Geld nicht zwischen dir und deiner Beziehung zu anderen Menschen steht. Das Bedürfnis, eine Familie zu ernähren, kann deine Freizeit beschneiden, und bei harten Verhandlungen können andere sich ausgenutzt fühlen. Wenn du stark auf Ausgewogenheit achtest, wird es dir gut gehen.

Reiseziel:

Zeit, die Koffer zu packen!

Wenn du die ganze Welt bereisen könntest, welches Ziel würdest du wählen?

Was reizt dich?

Heißes Klima

Kaltes Klima

Eine tolle Aussicht

Viel Kreativität

Exotische Kulturen

Kunstmuseen

Regionales Essen

Extreme Landschaften

Mal ohne Luxus zu sein

Dekadenter Luxus

Großstädte

Strände

Fremdsprachen anwenden

Spirituelle Bedeutung

Schöne Wanderwege

Gemeinnützige Arbeit zu leisten

Wissenschaftliches Interesse

Eine friedliche Atmosphäre

Hohe Berge

Beeindruckendes Tierleben

Gute Tauchmöglichkeiten

Extremsport und Aktivitäten

Clubs und Bars

Einheimische Musik

Freundliche Menschen

Zeit zum Entspannen

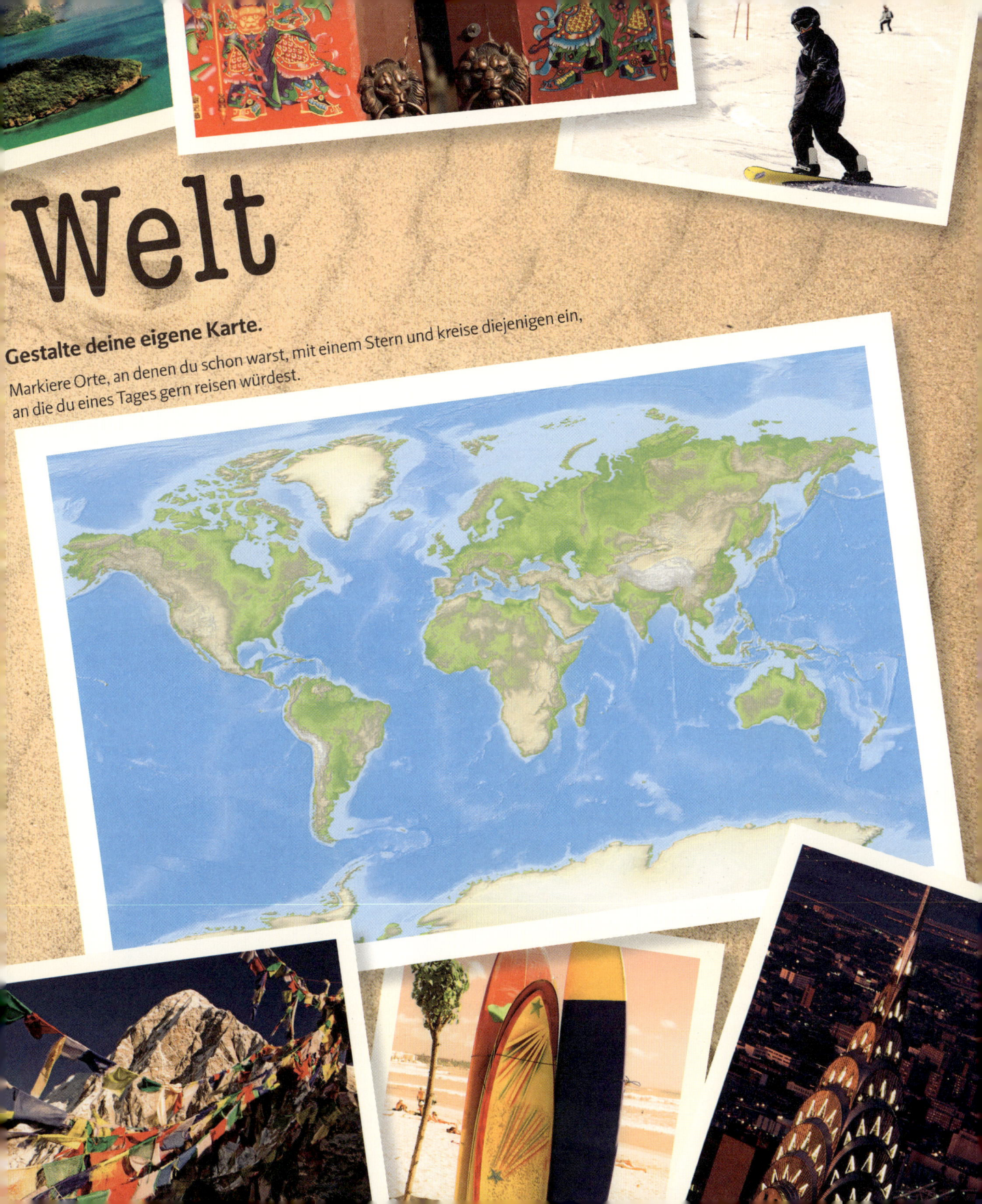

Welt

Gestalte deine eigene Karte.

Markiere Orte, an denen du schon warst, mit einem Stern und kreise diejenigen ein, an die du eines Tages gern reisen würdest.

Bist du die Leitwölfin?

Egal, ob du dich als geborene Mannschaftsführerin siehst oder als wichtigen Teamplayer: Erfahre mit diesen Fragebögen mehr über deine Eigenschaften in beiden Rollen.

Leitwolf-Quiz:

1. Du wurdest zur Gruppenleiterin für ein Schulprojekt ernannt. Deine erste Aktion ist:

a. Einen Zeitplan erarbeiten, damit jeder weiß, was wann gemacht werden muss.

b. Eine Diskussion über die Bedeutung des Projekts und euer Ziel in Gang bringen.

c. Ein lockeres Gespräch anregen und sicherstellen, dass sich jeder mit der ihm zugewiesenen Rolle wohlfühlt.

d. Vorschlagen, dass ihr als Erstes überlegt, wie die Gruppe in Zukunft Entscheidungen treffen soll.

2. Du planst eine Geburtstagsparty und deine Freunde haben ihre Hilfe angeboten. Was tust du als Erstes?

a. Den Ort festlegen und eine Gästeliste schreiben, dann Aufgaben an deine Freunde verteilen, damit für alles gesorgt ist.

b. Ein lustiges Motto wählen, das alle in Feierlaune bringt.

c. Deine Freunde fragen, welche Aufgaben sie gern übernehmen würden, damit sich niemand verletzt oder ausgeschlossen fühlt.

d. Dir ein paar Mottos überlegen und dann deine Freunde bitten, das beste zu wählen.

3. Zwei deiner Freunde nehmen am selben Wettbewerb teil. Dein Plan sieht so aus:

a. Beiden gleich viel bei der Vorbereitung helfen und ihnen das auch sagen.

b. Mit ihnen über ihre größeren Ziele reden, damit der Freund, der den Preis nicht gewinnt, nicht den Mut verliert.

c. Sie beide ermuntern, Freunde zu bleiben, egal wie der Wettkampf ausgeht.

d. Dich heraushalten. Sie ablenken und entspannen, wenn du Zeit mit ihnen verbringst.

4. Deine beste Freundin hat dich im Stich gelassen und darüber bist du wütend. Um damit klarzukommen, wirst du wahrscheinlich:

a. Sicherstellen, dass deine anderen Freunde verlässlich für dich da sein werden.

b. Infrage stellen, ob sie die Prinzipien von echter Freundschaft überhaupt versteht.

c. Es dabei bewenden lassen. Du lernst lieber, dich auf dich selbst zu verlassen, als eine Freundin zu verlieren.

d. Ein ernstes Gespräch mit ihr über ihre Gründe und deine Gefühle führen.

5. Auf dem Nachhauseweg werden du und deine Freunde Zeugen eines Autounfalls. Deine erste Reaktion ist:

a. Alle bitten, zu Hause anzurufen, damit eure Familien wissen, wo ihr seid, während ihr auf die Polizei wartet.

b. Darüber nachdenken, was du gerade gesehen hast, und überlegen, was den Unfall verursacht haben könnte.

c. Nach deinen Freunden sehen und herausfinden, ob niemand zu sehr mitgenommen ist.

d. Nach den Autoinsassen sehen, wenn nötig, einen Krankenwagen rufen und Erste Hilfe leisten.

Rudeltier-Quiz:

1. Du planst mit deinen Freunden einen Ausflug und mehrere Ideen werden vorgeschlagen. Was tust du?

a. Dich bei der Diskussion zurückhalten und für das stimmen, was die meisten Freunde wollen.

b. Ein paar Vorschläge machen, die die verschiedenen Geschmäcke vereinen.

c. Dich denjenigen widersetzen, die zu penetrant sind.

d. Für die Idee stimmen, die am untypischsten für dich ist.

2. Du bist im Sportverein und jemand stellt die Methoden des Trainers infrage. Was tust du?

a. Dich raushalten. Du willst kein Teil dieses Konflikts sein.

b. Zwischen beiden Parteien vermitteln oder einen Kompromiss vorschlagen.

c. Weitermachen, denn wahrscheinlich bist es du, die den Trainer herausfordert!

d. Den Konflikt aus der Ferne beobachten und das Ergebnis erraten.

3. Dein Bus hat mitten im Nirgendwo eine Panne. Was tust du?

a. Erst mal abwarten, ob jemand eine gute Idee hat, bevor du dich zu Wort meldest.

b. Die Namen von allen lernen, damit ihr besser zusammenarbeiten könnt, um das Problem zu lösen.

c. Den Busfahrer bitten, das Kommando zu übernehmen, aber dafür sorgen, dass er sich die Vorschläge von allen anhört.

d. Alle fragen, was du tun könntest, um dich möglichst nützlich zu machen. Du hast nichts gegen eine Herausforderung.

4. Eine Gruppenleiterin sagt etwas, dem du nicht zustimmst. Doch sie lässt niemanden zu Wort kommen. Was tust du?

a. Es dabei bewenden lassen. Irgendwann wird sie genug geredet haben und dann kannst du das Thema wechseln.

b. Wenn sie Luft holt, einwerfen, dass du das anders siehst, aber jeder ein Recht auf eine eigene Meinung hat.

c. Sie unterbrechen und ihr die Meinung sagen. Sie hat kein Recht, das Gespräch zu dominieren.

d. Dich zurücklehnen und über ihre Worte nachdenken. Vielleicht steckt ja ein Körnchen Wahrheit darin.

5. Du hörst das Gerücht, dass deine Freunde eine Überraschungsparty für dich planen, allerdings mit einem Motto, das dir nicht so gut gefällt. Was tust du?

a. Einen Wink mit dem Zaunpfahl geben. Doch falls er übersehen wird, erinnerst du dich daran, dass der gute Wille zählt.

b. Deine beste Freundin zur Seite nehmen und sie bitten, dir auszuhelfen.

c. Ihnen ganz direkt sagen, dass du von der Party gehört hast und mitreden willst.

d. Abwarten, was passiert. Wenn sie glauben, das ist ein lustiges Motto, könnte man es zumindest einmal ausprobieren.

 Blättere um ...

93

Leitwolf-Ergebnisse:

Vor allem A:

Die Planerin

Was getan werden muss, muss getan werden, stimmt's? Du findest, dass alle mehr Spaß haben, wenn alles gut vorbereitet ist und jeder weiß, was er zu erwarten hat. Du willst, dass alles glattgeht, und dafür müssen alle ihre Rollen kennen und erfüllen. Unter Druck wirst du schnell zum Feldwebel. Daher halte dich zurück, wenn du merkst, dass du zu viele Befehle erteilst. Erweist du dich als zuverlässig und vernünftig, wird man dir zutrauen, das Kommando zu übernehmen, in dem Wissen, dass mit dir am Ruder sich alles zum Besten wenden wird.

Vor allem B:

Der Guru

Du besitzt Weisheit und bist bereit, sie zu teilen. Für dich ist Einsicht das leitende Prinzip des Lebens. Dein Verständnis und Selbstgefühl hast du durch ausgiebiges Nachdenken erlangt. Indem du dieses Verständnis teilst, kannst du anderen Menschen neue Wege zum Glück zeigen. Wenn du dich mitreißen lässt, bist du manchmal ein Besserwisser. Vergiss nicht, dass die Wege anderer sich zwar von deinem unterscheiden können, aber ebenso wertvoll sind. Solange du nie aufhörst, von anderen zu lernen, werden andere auch weiter von dir lernen.

Vor allem C:

Der Fels

Dich zeichnen Wärme und Stärke aus. An dich wenden sich die Menschen, so wie sie sich an ihre Eltern oder Vertrauenspersonen wenden würden. Denn sie wissen, dass du ihren Gefühlen mit derselben Sicherheit begegnest wie praktischen Aufgaben. Vergiss aber nicht, dass du auch eigene Bedürfnisse hast – deine Freunde können es aushalten, wenn du ab und an sagst: „Nein, ich muss mich um mich selbst kümmern." Aber solange du so gut darin bist, für dich selbst zu sorgen wie für andere, wird dich kaum eine Situation ins Wanken bringen.

Vor allem D:

Die Demokratin

Dein Motto lautet: Wenn es nicht allen passt, passt es keinem. Für dich ist Harmonie das Wichtigste und du bewegst dich in deiner Gruppe wie ein Diplomat: Du glättest die Wogen, bringst Verhandlungen voran und übernimmst Verantwortung dafür, dass die richtige Entscheidung getroffen wird. In deinem Wunsch nach Einigung übst du mitunter Druck auf Leute aus, Dinge zu akzeptieren, die sie nicht mögen, oder bist von in Konflikt stehenden Ansprüchen überwältigt. Doch mit dem guten Willen von allen bist du genau die Richtige, um die Dinge fair und unterhaltsam zu halten.

Rudeltier-Ergebnisse:

Vor allem A:

Die Kooperatorin

Solange alle glücklich sind, ist es dir nicht besonders wichtig, welche Entscheidung getroffen wird. Für dich ist es das größte Vergnügen, unter Menschen zu sein, und du würdest lieber mit einer zufriedenen Gruppe eine Aktivität zweiter Wahl machen als deine Lieblingsaktivität mit einer unzufriedenen Gruppe. Denke daran, dass deine eigenen Wünsche genauso stark berücksichtigt werden sollten wie die der anderen. Solange du dich nicht über deine eigenen Bedürfnisse hinwegsetzt, bist du ein fröhlicher und entspannter Mensch, der in guter Gesellschaft alles genießen kann.

Vor allem B:

Die Schlichterin

Jeder hat seine eigene Sichtweise und du findest, die Menschen kommen umso besser miteinander aus, je besser sie einander verstehen. Für dich geht es darum, den Menschen zu helfen, den Blickwinkel eines anderen einzunehmen. Manche Dinge sind jedoch außerhalb deiner Kontrolle, also keine Panik, wenn du einen Streit nicht schlichten kannst. Mit einem kühlen Kopf eignest du dich perfekt, dafür zu sorgen, dass getroffene Entscheidungen auf einem wahren Verständnis der verschiedenen Sichtweisen basieren.

Vor allem C:

Die Infragestellerin

Dir macht es nichts aus, wenn eine andere am Ruder sitzt, doch gegen Diktatoren hast du etwas: Ein Anführer muss seiner Gruppe Rechenschaft ablegen. Wenn du eine starke Meinung hast und findest, dein Anführer trifft die falsche Wahl, sagst du das auch – manchmal deutlich, manchmal taktvoll, aber immer offen. Vermeide unnötige Kritteleien und Machtkämpfe. Nichtsdestotrotz braucht jede Gruppe jemanden wie dich, um Dinge klarzustellen und den Gruppenleiter in Schach zu halten.

Vor allem D:

Die Lernerin

Du bist ernsthaft daran interessiert, die Vorschläge anderer zu hören. Vielleicht wissen sie etwas, das du nicht weißt, und können deinen Horizont erweitern. Die Anführerrolle interessiert dich nicht besonders, denn du lernst mehr dadurch, den Weg eines anderen auszuprobieren. Du bleibst lieber flexibel und offen für Veränderung. Offenheit ist gut, aber vergiss nicht, auch deine eigenen Meinungen wertzuschätzen. Manchmal weißt du es wahrscheinlich doch selbst am besten!

Na los, werde glücklich!

Was macht dich glücklich – wirklich richtig glücklich?
Tausend verschiedene Dinge können für Zufriedenheit sorgen,
ob das nun ein riesiger Erfolg ist oder ein winziger Moment.
Was verschafft dir Glücksgefühle?

Menschen, die dich zum
Lächeln bringen:

....

....

....

Orte, an denen du dich
zu Hause fühlst:

....

....

....

Dein Lieblingsessen
oder -snack:

....

....

Aktivitäten und Veranstaltun-
gen, die du liebst:

....

....

....

Dein liebster Besitz:

....

....

....

Kleine Dinge, die
du jeden Tag tust:

....

....

Psychologie

Der amerikanische Psychologe
Martin Seligman begründete die
„positive Psychologie". Er glaubt,
dass man ein glückliches Leben
durch fünf Aspekte erreichen kann:

Positive Emotionen: sich gut fühlen
Engagement: in einer Tätigkeit
aufgehen
Beziehungen: echte Verbindungen
zu anderen Menschen haben
Bedeutung: ein lohnenswertes
Leben führen
Erfolge: etwas erreichen

Welche dieser fünf Aspekte sind
Teil deines Lebens? Von welchen
könntest du mehr vertragen?

„Ich würde immer lieber GLÜCKLICH sein als würdevoll."

Charlotte Brontë,
Jane Eyre

An die Arbeit

„Was willst du mal werden, wenn du groß bist?"

Das ist eine Frage, die wir oft gestellt bekommen und die nicht leicht zu beantworten ist. Während manche von uns schon früh eine klare Vorstellung haben, wo es hingehen soll, sind andere sich ganz und gar nicht sicher. Wir wissen zwar, was wir gern tun, und haben vielleicht sogar schon eine Ahnung, was für eine Art Mensch wir sind, aber wie übersetzt man das in einen Beruf? Versuche Folgendes: **Lies die folgenden Aussagen und kreuze diejenigen an, die auf dich zutreffen.**

HILFE

FRISTEN

LOGIK

DETAILS

1
- ☐ Ich mag es, Dinge in die richtige Reihenfolge zu bringen.
- ☐ Ein Abgabedatum zu erfüllen, macht mich zufrieden.
- ☐ Ich bin selten gestresst, weil ich gut plane.
- ☐ Auch viele Details überwältigen mich nicht.
- ☐ Wenn du mich lässt, kann ich Dinge für dich regeln.

2
- ☐ Menschen in Schwierigkeiten wenden sich oft an mich.
- ☐ Ich bin ein netter Mensch, habe aber auch ein dickes Fell.
- ☐ Anderen zu helfen, macht mich zufrieden.
- ☐ Es stört mich nicht, wenn jemand sich für einen Gefallen nicht bedankt. Das Richtige zu tun, ist Belohnung genug.
- ☐ Ich bin gut darin, Menschen die Befangenheit zu nehmen.

RESPEKT

INTERESSEN

BELOHNUNG

KÖNNEN

POTENZIAL

PROBLEME LÖSEN

3
- ☐ Ich komme gern durch Logik ans Ziel.
- ☐ Ich habe großen Respekt vor Tatsachen.
- ☐ Ich bin neugierig darauf, wie Dinge funktionieren.
- ☐ Ich bewundere die großen Erfinder der Vergangenheit.
- ☐ Bauklötze, Chemiebaukästen und mechanisches Spielzeug mochte ich als Kind am liebsten.

4
- ☐ Meine Fantasie bedeutet mir sehr viel.
- ☐ Ich verbringe gern Zeit allein und mache mein eigenes Ding.
- ☐ Ich tue Sachen, weil sie unterhaltsam oder schön sind.
- ☐ Ich würde mich als kreativ bezeichnen.
- ☐ Ich besuche gern Kurse, um mich weiterzuentwickeln.

5
- ☐ Ich bin nicht ichbezogen, gebe aber gern ein wenig an.
- ☐ Vor vielen Menschen zu sprechen, ist kein Problem.
- ☐ Lampenfieber gibt mir einen aufregenden Kick.
- ☐ Ich liebe es, Leute zu unterhalten und zu beeindrucken.
- ☐ Im Mittelpunkt zu stehen macht mir Spaß.

GEDULD

6
- ☐ Ich kann mich klar ausdrücken und tue das auch gern.
- ☐ Ich blogge gern und bin Teil von Online-Communitys.
- ☐ Wenn du Hilfe bei deinen Hausaufgaben brauchst, wende dich an mich!
- ☐ Ich kann Dinge behutsam rüberbringen.
- ☐ Mich versteht man selten falsch.

7
- ☐ Ich mache mir gern die Hände schmutzig.
- ☐ Ist was kaputt? Ich kann's reparieren.
- ☐ Basteln und Kochen machen mir Spaß.
- ☐ Wenn im Haus etwas nicht funktioniert, weiß ich, was zu tun ist.
- ☐ Ich fühle mich geschickt und nützlich.

TALENT

KREATIVITÄT

Ergebnisse auf der nächsten Seite ... >

An die Arbeit
Ergebnisse

Die Aussagen, die du auf den vorigen Seiten angekreuzt hast, geben dir einen Hinweis darauf, welche Berufe dir liegen könnten. Zähle nach, wie viele du in jedem Kasten angekreuzt hast, und lies dann die Analysen für die Kästen mit den meisten Kreuzchen.

1 EFFIZIENT Es ist befriedigend für dich, System in die Dinge zu bringen. Jeder Arbeitsplatz profitiert von effizienten Mitarbeitern, und manche Jobs – wie im Schulsekretariat, im Vorstand einer Stiftung oder im Leitungsstab einer Firma – drehen sich sogar nur um Effizienz. Effizient zu sein, ist zudem eine Eigenschaft, die sich gut auf jeden anderen Arbeitsbereich übertragen lässt, den du dir aussuchst.

2 PFLEGERISCH Womöglich macht es dir Spaß, mit bedürftigen Menschen zu arbeiten und etwas zu bewirken. Pflegen ist eine anspruchsvolle Tätigkeit, für die man sich angesichts der Bedürfnisse anderer nicht überwältigt fühlen und weder Freundlichkeit noch Mitgefühl verlieren darf. Wenn das eine Herausforderung ist, der du dich gewachsen fühlst, kann die Arbeitswelt dich sehr gut brauchen.

3 TECHNISCH/WISSENSCHAFTLICH Jeder, der im technischen und wissenschaftlichen Bereich arbeitet, ist Erbe einer großen intellektuellen Tradition – und vielleicht sogar ein Mensch, der die Grenzen des Wissens noch erweitern kann. Es braucht eine Mischung aus Neugier und Geduld, gepaart mit Organisationstalent, um hier Erfolg zu haben – ob man nun lebensrettende Medikamente entwickelt oder unterhaltsame Apps.

4 KREATIV

Wir alle haben eine kreative Seite, doch für dich sind Vorstellungskraft und Erfindergeist ein wichtiger Teil deiner Persönlichkeit. Erfolg bedeutet für dich, deine Talente voll und ganz auszuleben. Während du natürlich Künstlerin, Schauspielerin, Schriftstellerin oder Tänzerin werden könntest, gibt es auch eine Menge Berufszweige, in denen diese Fähigkeiten gut im Team eingesetzt werden können, z. B. Buchgestaltung oder Webdesign, Marketing oder Architektur.

5 DARSTELLERISCH

„Darstellen" bedeutet nicht einfach, auf eine Bühne zu steigen und ein Liedchen zu trällern. (Könnte es aber, wenn dir das gefällt!) Viele Jobs haben darstellerische Aspekte: Die Professorin hält eine Vorlesung, die Anwältin streitet vor Gericht, jemand, der im Vertrieb arbeitet, spricht bei einer Konferenz. Halte nach Berufen Ausschau, die dir die Möglichkeit geben, vor Publikum zu sprechen, und verkaufe deine Persönlichkeit, deine Fähigkeiten und Meinungen als Teil des Pakets.

6 KOMMUNIKATIV

Während manche von uns sich gern einem Publikum öffnen, bleiben andere lieber im Hintergrund. Wenn du gern schreibst oder in Kleingruppen sprichst, bist du ein Kommunikator – jemand mit einem Händchen fürs Erklären und Lehren, ob das nun in einem schulischen oder geschäftlichen Umfeld oder sogar in deiner eigenen kleinen Firma ist.

7 ZUPACKEND

Du willst die Ärmel hochkrempeln und etwas schaffen. Es fühlt sich großartig an, Hand anzulegen und die Ergebnisse zu bewundern. Wenn du von Natur aus gern reparierst oder erschaffst, gibt es eine Menge Dinge, die du bauen könntest: vom riesigen Haus bis hin zum winzigen Computerchip. Im digitalen Zeitalter werden Menschen, die greifbare Dinge herstellen können, immer seltener, also sei dir deines großen Werts bewusst!

Im Trend

Was du durch deinen Kleidungsstil ausdrückst

Wir alle müssen uns tagtäglich etwas zum Anziehen aussuchen. Was wir wählen und warum kann sehr viel darüber verraten, wie wir uns sehen – auch im Verhältnis zu anderen. Beantworte die Fragen, um deinen Stil zu erforschen und zu verstehen, was er über dich sagt.

1 **WELCHER ANTEIL** deiner Klamotten ist auffällig und welcher Anteil neutral und zurückhaltend?

....
....
....
....

3 **WER SIND** deine Top-5-Stilikonen?

....
....
....
....
....

2 **WIE STARK** veränderst du deinen Stil für verschiedene Anlässe?

....
....
....
....

4 **HAST DU** eine bestimmte Farbe, die absolut „du" ist? Wie fühlst du dich, wenn du sie trägst?

....
....
....
....

ODER NICHT?

5 **IN DEINER** idealen Welt würde sich die Mode oft, manchmal, selten oder nie ändern?

....
....
....

6 **WENN DU** wählen müsstest zwischen schick und gemütlich, was würdest du nehmen?

....
....
....

7 **GIBT ES** besondere Marken oder Stile, die du häufig auswählst?

....
....
....

8 **WENN DU** dir ein neues Kleidungs- stück zulegst, welche Faktoren spielen dabei eine Rolle?

....
....
....

9 **WIE OFT** siehst du in deinen Schrank und denkst dir: *Warum in aller Welt habe ich mir das nur gekauft?*

....
....
....

10 **TAUSCHST DU** manchmal Klamotten mit deinen Freundinnen?

....
....
....

Analyse auf der nächsten Seite ... >

<Was bedeuten deine Antworten?

Trendsetterin

Drehen sich deine Antworten um kreatives Gespür und Individualität? Womöglich macht es dir Spaß, deine Sachen mit einer persönlichen Note zu versehen. Du bist wahrscheinlich eine Art Trendsetterin. Du bringst eigene Ideen ein und andere Menschen sehen dich an und denken: *Wow, ich liebe ihr Outfit. Vielleicht sollte ich einmal etwas Ähnliches probieren.* Das kann sich spitze anfühlen, jeder bekommt gern Anerkennung für seine Talente. Es kann dich auch sehr cool machen – solange du deine Macht nicht ausnutzt. (Aber bestimmt bist du viel zu nett für so etwas.)

Kleidung kann ein fantastischer Weg sein, dich auszudrücken, und gut auszusehen führt häufig zu mehr Selbstbewusstsein, also bleib dran. Manchmal fühlt es sich für die Trendsetterin so an, als gäbe es zu viele Nachahmer – aber denk daran, selbst wenn Menschen Dinge ausprobieren, die deiner Meinung nach dir gehören, bist immer noch du die Erfinderin des Looks.

Ausgeglichene Schönheit

Wenn deine Antworten eine stressfreie Herangehensweise beschreiben und ein müheloses Stilgefühl, bist du ein ausgeglichenes Mädel. Wie du dich kleidest, ist dir wichtig, doch das sind auch viele andere Dinge, stimmt's? In unserer stressigen Welt setzt du sowohl auf Aussehen als auch auf Köpfchen.

Dir geht es mehr darum, gut auszusehen, als Trends zu folgen, und du bist bereit, Kompromisse einzugehen. Während du wahrscheinlich nachts nicht vom Laufsteg träumst, hast du ein gutes Gespür für Mode, das dir hilft, so gut auszusehen, wie du willst.

Sich gut zu kleiden ist eine Kunst, die du beherrschst – doch du lässt sie nicht dein Leben beherrschen.

Soziale Fashionista

Wenn es bei deinen Antworten darum geht, wie dein Stil im Verhältnis zu anderen Menschen wie Freunden, Familie oder deinem Schwarm steht, bist du womöglich eine soziale Fashionista.

Auf der Welt gibt es viele nonverbale Sprachen und du sprichst fließend Kleidung. Kleidung ist ein Weg, mit Menschen zu kommunizieren – vor allem mit deinen Freunden. Du nutzt visuelle Harmonie, um soziale Harmonie zu schaffen.

Wenn in deiner sozialen Gruppe Spannungen herrschen, können Mode und Kleidung zu symbolischen Wettbewerbspunkten werden. Häufige Rangeleien über eure Garderobe sind wahrscheinlich ein Anzeichen für ein tieferes Problem. Wenn ihr euch gut versteht, umso besser! Bindungen mit Freunden können den entscheidenden Unterschied ausmachen, was deine Zufriedenheit angeht, und Kleidung ist ein unterhaltsamer Weg, sie zu formen.

" Durch meine Kleidung zeige ich, wer ich bin. "

Kathi, 19

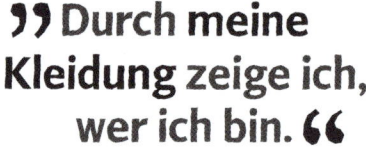

> **Wenn ich denke, ich sehe gut aus, fühle ich mich selbstbewusst. Und das lässt mich wirklich erstrahlen.**
>
> Laura, 14

Praktisches Mädchen

Hältst du den praktischen Aspekt bei deinem Outfit für besonders wichtig? Vielleicht haben dich diese Fragen auch gar nicht sonderlich interessiert. Wenn ja, stehen Klamotten einfach nicht sehr weit oben auf der Liste der Dinge, mit denen du deine Persönlichkeit ausdrückst und Zeit verbringst.

Du betrachtest deinen Look nicht als wichtigen Teil deiner Identität. Für dich ist Kleidung eher Notwendigkeit als Hobby. Du erwartest von anderen, dass sie sich mehr für das interessieren, was du im Kopf hast, als was du am Leib trägst. Wenn du so fühlst, umso besser – aber bremse dich nicht selbst aus, wenn du doch einmal etwas Neues ausprobieren willst!

Modephobikerin

Wenn du dich beim Beantworten der Fragen unwohl gefühlt hast und Klamotten eher trägst, um in der Masse zu verschwinden als deine Persönlichkeit zu zeigen, hast du vielleicht Angst, deinen kreativen Stil zu erforschen. Du weißt, dass Menschen nach ihrem Aussehen beurteilt werden und dass diese Urteile hart ausfallen können. Tief im Innern gibt es vielleicht einen Teil von dir, der fürchtet, er könnte nicht gut abschneiden.

Kleidung mag ein Stressfaktor für dich sein, weil du dein Aussehen nicht schätzt. Fühlst du dich, als ob es keinen Sinn hat, Mode zu probieren, weil du sowieso zum Scheitern verurteilt bist?

Nun, hier sind Neuigkeiten für dich: Du bist nicht die Einzige, die sich um ihr Aussehen sorgt! Sechs von zehn Mädchen sind unzufrieden damit, wie sie aussehen. Höchstwahrscheinlich sind die selbstbewussten Menschen in deinem Umfeld gar nicht so selbstbewusst, wie sie scheinen. Du siehst ganz sicher viel besser aus, als du denkst.

Heimliche Stilikone

Deuten deine Antworten auf unterdrückte Modeambitionen hin? Vielleicht bist du insgeheim schick! Ein Ort wie die Schule, eine ziemlich heftige Atmosphäre, in der man sich seine Mitschüler nicht aussuchen kann, fühlt sich oft nicht wie die sichere Umgebung an, um alle Facetten seines Selbst zum Ausdruck zu bringen – besonders bei etwas so Emotionalem wie dem Aussehen. Doch wenn ein Teil von dir sich danach sehnt, etwas mutiger zu sein, tue das nicht ab. Mode ist eine Kunstform und wenn du da Talent hast, solltest du es hegen.

Halte Ausschau nach allen möglichen Gelegenheiten, deinen Stil zu zeigen, selbst wenn es nur hin und wieder zu einer Party oder einem besonderen Anlass ist.

> **Wir Freundinnen tauschen untereinander. So haben wir mehr Möglichkeiten.**
>
> Jennifer, 13

> **Ich mag's gemütlich und trage weite Klamotten.**
>
> Mina, 17

ROSE
Liebe

Die Sprache der Blumen

SCHNEE-GLÖCKCHEN
Hoffnung

BUTTERBLUME
Undank-barkeit oder Kindischsein

RINGELBLUME
Kummer

FINGERHUT
Unaufrichtigkeit

GLOCKENBLUME
Beständigkeit

DAHLIE
Unsicherheit

TULPE
Ruhm

Jemandem Blumen zu schicken, bedeutete im 19. Jahrhundert nicht unbedingt, dass man ihn liebte. Vielmehr konnte man einen Strauß auch schicken, um jemanden zu warnen, zu verführen, zu beglückwünschen oder sogar zu beleidigen. Floriografie, die Sprache der Blumen, war ein Code, mit dem man versteckte Botschaften schicken konnte, ohne dass Außenstehende sie verstanden. Es wird Zeit, die Sprache der Blumen wieder zum Leben zu erwecken!

NARZISSE
Ansehen

LAVENDEL
Misstrauen

ANEMONE
Verlassensein

SCHICKE DIR SELBST EINEN STRAUSS BLUMEN.

Welche **Blumen** *entsprechen am besten deiner* **Persönlichkeit?**

KAMILLE
Energie in der Not

GÄNSEBLUME
Unschuld

KLEE
Sei mein!

NUN GESTALTE EINEN BLUMENSTRAUSS FÜR ...

- *deine beste* **Freundin**
- *ein* **Familienmitglied**
- *deinen heimlichen* **Schwarm**

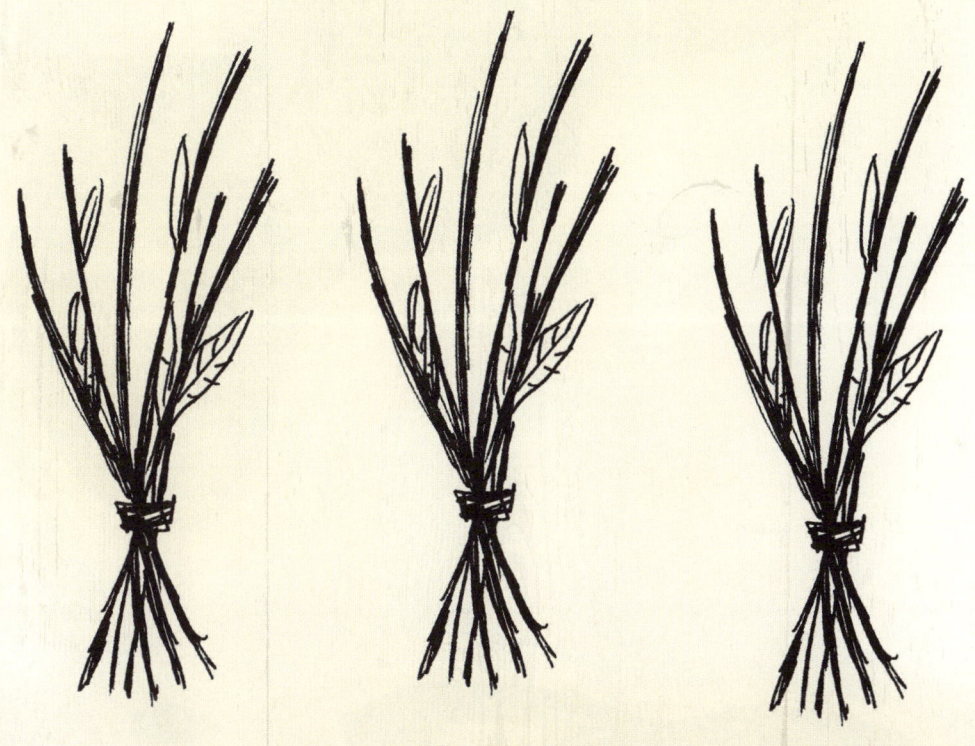

KLEMATIS
Mentale
Schönheit

SEEROSE
Reinheit des
Herzens

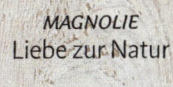

ZINNIE
Gedenken
abwesender
Freunde

MAGNOLIE
Liebe zur Natur

BARTNELKE
Edelmut

NIESWURZ
Skandal

STECHPALME
Voraussicht

Auftanken

Zu wissen, wer du bist, bedeutet auch zu wissen, welche Nahrungsmittel dein Körper braucht, um gut zu funktionieren. Dass der Mensch essen muss, ist klar, aber wusstest du, dass bestimmte Nahrungsmittel für eine Leistungssteigerung im Sport sorgen, dir über ein gebrochenes Herz hinweghelfen oder deine Chancen erhöhen können, beim nächsten Test gut abzuschneiden? Lies die Beschreibungen auf der nächsten Seite und entscheide, ob du dich angemessen ernährst.

Mahlzeiten planen

Genauere Informationen dazu, wie viel du von jeder Lebensmittelgruppe täglich zu dir nehmen solltest, bietet dir der DGE-Ernährungskreis auf www.dge-ernaehrungskreis.de. Dazu gibt es Speisepläne für eine vollwertige Ernährung sowie Tipps zum richtigen Trinken.

Ganz klar: Frisches Obst und Gemüse sind gut für dich, aber sie wirken sich auch überraschend positiv auf dein Haar aus. **Iss mehr Obst und Gemüse, dann wird dein Haar glänzen.**

Wenn du wegen eines anstehenden Tests oder einer Aufnahmeprüfung aufgeregt bist, trinke ausreichend Wasser und iss kleine Mahlzeiten, die reich an mageren Proteinen sind. Bist du eine Naschkatze, versuche, nur zwei- oder dreimal pro Woche ein kleines Stück dunkle Schokolade zu essen. **Das kann die Durchblutung des Gehirns und damit deine Denkfähigkeit fördern.**

Herzschmerz kann selbst den stärksten Menschen schwach und schwindelig machen. **Heile dein gebrochenes Herz mit einfachen Nahrungsmitteln** wie Eiern, Vollkorntoast, griechischem Joghurt oder Nudeln mit frischer Tomatensoße.

Eisen ist der Schlüssel gegen Müdigkeit und um dein Blut gesund zu halten. Wenn du dich ständig schlapp fühlst, solltest du vielleicht mehr mageres Rindfleisch, Vollkorn und Blattgemüse zu dir nehmen. Nüsse, Eier und Bohnen sind auch reich an Eisen.

Spare nicht am Kalzium. Kalziummangel in der Jugend kann später zu Knochenproblemen führen, was du um jeden Preis vermeiden solltest. Halte dich an das Wesentliche – fettarme Milch und Käse – oder gönne dir eine Portion Frozen Yogurt.

Planst du eine Karriere in einem körperlich anstrengenden Bereich wie Spitzensport? Dann nimm viele Antioxidanzien zu dir, die dich gesund altern lassen. Obst und Gemüse in kräftigen Farben wie Heidelbeeren und Paprika sind reich an diesen Stoffen. **Je mehr verschiedene Farben dein Essen hat, desto besser.**

Wenn dein Augenmerk darauf liegt, starke Muskeln aufzubauen und aufrechtzuerhalten, binde viele magere Proteine in deine Ernährung ein. **Hauptquellen sind Fleisch, Fisch, Eier und fettarme Milchprodukte.** Für Vegetarier oder Veganer erfüllen Bohnen, Nüsse, Samen und Tofu diesen Zweck.

Blättere um ... >

Deine Lieblingsrezepte

Jetzt, wo du weißt, was du brauchst, notiere auf diesen Seiten ein paar eigene Rezepte. Du könntest Vorschläge aus einem Kochbuch oder dem Internet abwandeln, geheime Familienrezepte aufschreiben oder etwas ganz Eigenes kreieren. (Hat jemand Lust auf Bananen-Erdnussbutter-Pizza?)

Rezept

Zutaten   Anleitung

Rezept

Zutaten

Anleitung

Rezept

Zutaten

Anleitung

Weißt du noch ...?

Manche Erinnerungen bewahren wir ein Leben lang. Sie formen unser Selbstbild, leiten unsere Instinkte und Erwartungen, wenn wir in die Zukunft blicken, und untermauern die Geschichte unseres Lebens. Gleichzeitig sind Erinnerungen schwer fassbar. Beispielsweise können zwei Menschen unterschiedliche Erinnerungen an ein und denselben Moment haben. Manchmal sind wir sogar uneins mit uns selbst: Wir erinnern uns auf zwei verschiedene Weisen an eine Sache, vergessen etwas, von dem wir wissen, dass es passiert sein muss, oder haben eine „Erinnerung" an etwas, das ganz sicher nicht vorgefallen ist.

Anders gesagt: Erinnerungen sind eindeutig die Geschichte unseres Lebens. Sie ist noch nicht zu Ende, größtenteils wahr, aber auch beeinflusst von unserer Persönlichkeit, unseren Vorstellungen und Beziehungen zu anderen Menschen. Eine starke Erinnerung sagt ebenso viel darüber aus, wie wir denken, wie darüber, was uns geschehen ist.

Welche fünf Erinnerungen sind dir am stärksten im Gedächtnis geblieben?

1

2

3

4

5

Blättere um ... >

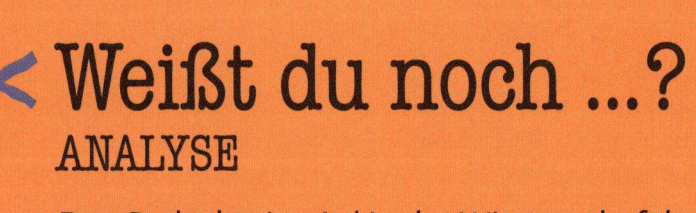

< Weißt du noch ...?

ANALYSE

Das Gedächtnis wird in der Wissenschaft heftig diskutiert. Manche Menschen sind überzeugt, dass es so etwas wie „wiedererlangte Erinnerungen" gibt oder dass wir die Erinnerung an traumatische Ereignisse unterdrücken und sie erst später durch Therapie wiedererlangen. Andere glauben, dass solch eine „wiedererlangte Erinnerung" eine falsche ist, in der wir uns etwas vorstellen, worauf der Therapeut unbewusst hingedeutet hat. Dann erinnern wir uns an dieses vorgestellte Erlebnis, als wäre es real. Ebenso gibt es eine Debatte darüber, wie man mit verstörenden Erinnerungen am besten umgeht. Manche Psychologen meinen, es sei ungesund, sie zu unterdrücken, da sie später wieder auftauchen und Probleme machen werden. Andere behaupten, man sollte sich an schlechten Erinnerungen nicht aufhängen und Verdrängung sei der beste Weg, um über sie hinwegzukommen.

> 🙿 **Viele Menschen glauben, das Gedächtnis funktioniere wie ein Aufnahmegerät,** doch jahrzehntelange Forschung hat gezeigt, dass das nicht wahr ist. Unser Gedächtnis ist konstruktiv. Und es ist rekonstruktiv. Es ähnelt eher einer Wikipedia-Seite: Du kannst hineingehen und es verändern – doch andere Menschen können das auch. 🙿
>
> *Elizabeth Loftus*

Glückliche Erinnerungen sollte man bewahren. Doch wenn eine Erinnerung dich unglücklich macht, arbeitest du sie lieber auf oder lenkst du dich mit fröhlicheren Gedanken ab?

Nutze diese Seite, um aufzuschreiben, wie du mit traurigen, peinlichen oder schwierigen Erinnerungen umgehst.

Meine Freundes-kreise

Freunde, die
ich respektiere

Freunde, denen
ich vertraue

Freunde, die
ich liebe

Genau wie in sozialen Netzwerken ordnen wir unser soziales Umfeld in Gruppen ein – geliebte Menschen, Vertraute, Respektspersonen ... In welche Kreise passen dir wichtige Menschen? Gibt es auch welche, die in mehrere Kreise passen? Anhand der Schnittmengen kannst du dir darüber klar werden, was jeder Einzelne dir bedeutet.

Freunde, die ich gern besser kennen würde

Freunde, die mich inspirieren

Tipp: Personalisiere die Seite mit weiteren Kreisen und Beschriftungen. (Und wenn dir unwohl dabei ist, die echten Namen deiner Freunde aufzuschreiben, verwende einfach Codenamen.)

Woran glaubst du?

Was, würdest du sagen, ist dein tiefster Glaube?

Wie lange glaubst du schon daran?

Wie wichtig ist er in deinem Leben?

Wie viel Zeit verwendest du darauf, um im Privaten darüber nachzudenken und zu lernen?

Nimmst du dafür an religiösen Zeremonien, öffentlichen Diskussionen oder Aktionen teil? Wie wichtig sind sie für dein Sozialleben?

Für manche Menschen wirkt ein Glaube oder eine Philosophie wie ein Leitstern in ihrem Leben, eine zentrale Wahrheit, auf der alles andere beruht. Andere sehen ihren Glauben vielleicht ganz entspannt als Teil von sich selbst. Wieder andere nehmen das Leben lieber, wie es kommt, und wollen aufgeschlossen bleiben. Ein Glaube muss nicht unbedingt religiös sein – manche Menschen verstehen die Naturwissenschaften, den Veganismus, den Feminismus oder andere Ideale als das Zentrum ihrer Werte. Gibt es etwas, das dir so viel bedeutet? Denke über die Fragen unten nach.

Wie wichtig ist es, dass deine Freunde deinen Glauben teilen oder unterstützen?

Stehen dir Menschen nahe, die deinen Glauben nicht teilen? Wie gehst du mit euren Unterschieden um?

Hängen Traditionen damit zusammen? Welche bedeuten dir am meisten?

Gibt es etwas, das dich dazu veranlassen würde, deinen Glauben zu überdenken?

Was magst du am meisten daran?

Blättere um ...

< Woran glaubst du?

Schreibe in dieses Feld alle weiteren Gedanken und Fragen,
die du zu deinen Glaubensüberzeugungen hast.

„ WENN SIE MICH FRAGEN, WAS ICH IN DIESER WELT ZU TUN HABE,

WERDE ICH,

EIN KÜNSTLER,

ANTWORTEN:

ICH BIN HIER, UM

LAUT

ZU LEBEN. "

ÉMILE ZOLA

Für Leseratten

1 WELCHES IST DAS BESTE BUCH, das du je gelesen hast? Was magst du daran?

....

....

....

2 WELCHES IST DAS SCHLECHTESTE BUCH, das du dieses Jahr gelesen hast?

....

....

3 WELCHES IST DEIN LIEBLINGSBUCH? Warst du überrascht, dass es dir gefällt?

....

....

....

4 WELCHES BUCH hättest du gern selbst geschrieben?

....

....

....

5 WELCHE FIGUR aus einem Buch wärst du gern?

....

....

„Ach,
wie gut ist es doch, unter lesenden Menschen zu sein. "

Rainer Maria Rilke

> **Alles ist eine Geschichte.**
> **Du bist eine Geschichte –**
>
> *ich bin eine Geschichte.*
>
> *Frances Hodgson Burnett*

6 WENN DU EINE FIGUR aus einem Buch treffen könntest, welche würdest du wählen?

....

....

....

7 IN WELCHEM BUCH würdest du am liebsten leben?

....

....

8 IN WELCHEM BUCH würdest auf keinen Fall leben wollen?

....

....

9 WELCHES BUCH sollte jeder mindestens einmal gelesen haben?

....

....

10 WELCHEN SCHRIFT-STELLER bewunderst du am meisten?

....

....

11 WENN DU JE EIN BUCH schreiben würdest, wovon würde es handeln?

....

....

Entscheide dich!

Wie oft wird dir gesagt, dass du dich entscheiden sollst?

Für manche von uns ist es ganz schön zermürbend, eine Entscheidung zu treffen. Bei zu vielen Möglichkeiten sind sie vor Angst wie gelähmt. Andere entscheiden sich innerhalb eines Augenblicks – doch ob sie sich dann auch daran halten, ist eine andere Frage. Es gibt ganz verschiedene Arten, Entscheidungen zu treffen. Wie gehst du vor? Denke über die folgenden Fragen nach.

1
Wie gehst du mit Situationen um, in denen du dich schnell und unter Druck entscheiden musst?

2
Wie oft schiebst du Entscheidungen auf, bei denen du dich unsicher oder gestresst fühlst?

3

Hast du schon mal eine Gelegenheit verpasst, weil du dich nicht entscheiden konntest?

4

Verwendest du viel Energie darauf, kleine Entscheidungen zu treffen?

5

Hast du schon mal jemanden eine große Entscheidung für dich treffen lassen?

6

Wie fühlst du dich, wenn andere deine Entscheidungen infrage stellen?

Blättere um ... >

‹Entscheide
dich!

Bist du auch manchmal überwältigt von den vielen verschiedenen Möglichkeiten? Es kann helfen, deine Optionen aufzudröseln. Mit dieser Technik kannst du dir die Fakten vor Augen führen, bevor du dich festlegst.

SCHRITT EINS:
Liste deine Optionen auf, entweder gedanklich oder auf Papier.

SCHRITT ZWEI:
Stelle dir für jede Option die folgenden drei Fragen:

1. Was ist das bestmögliche Ergebnis, wenn ich diese Option wähle?

2. Was wäre das schlechteste Ergebnis?

3. Was ist das wahrscheinlichste Ergebnis?

SCHRITT DREI:
Stelle dir nun für jede deiner Antworten aus Schritt zwei folgende Fragen:

1. Wie werde ich mich fühlen, wenn das passiert?

2. Würde ich in einem Monat irgendetwas bereuen?

3. Was würde ich bereuen, wenn das nicht passieren würde?

SCHRITT VIER:
Vergleiche alle Antworten und nutze diese klaren Informationen, um deine Entscheidung zu treffen.

Wenn dir eine Entscheidung bevorsteht, versuche
doch auf dieser Seite mal die Aufdröseltechnik.
Welche anderen Techniken setzt du ein, wenn du
dich entscheiden musst?

Einen klaren Kopf behalten

Belasten dich Sorgen?

Niemand geht sorgenfrei durchs Leben, aber wir können die Fähigkeit entwickeln, unsere Sorgen auf ein Minimum zu begrenzen. Eine der effektivsten Techniken ist die „kognitive Verhaltenstherapie". Dabei lernt man, automatische Gedankenmuster zu erkennen, die Probleme vergrößern, um dann gegenzusteuern. Es gibt **zehn solcher „kognitiven Verzerrungsmuster",** bei denen wir uns einreden, dass die Lage hoffnungsloser ist als in Wirklichkeit. Finde heraus, mit welchen du zu kämpfen hast, und erlange so eine beruhigtere, sorglosere Lebenseinstellung.

Die 10 Verzerrungsmuster

Was trifft auf dich zu?

Mit solchen Gedanken habe ich zu kämpfen …

Die 10 Verzerrungsmuster	OFT	MANCHMAL	SELTEN	NIE
„ALLES ODER NICHTS"-DENKEN: Du hältst dich für eine Totalversagerin, sobald dir ein kleiner Fehler unterläuft, und andere für inkompetente Idioten, wenn sie sich mal irren.				
ÜBERGENERALISIERUNG: Anstatt Ereignisse einzeln zu betrachten, siehst du sie als Teil eines Musters von Fehlschlägen, bis dein Leben wie eine einzige Katastrophe wirkt.				
TUNNELBLICK: Du schießt dich auf ein winziges störendes Detail ein und vernachlässigst neutrale oder gute Dinge. Du lässt dieses Detail deine Sicht auf alles trüben.				
DAS POSITIVE NICHT ANERKENNEN: Wenn du etwas richtig machst oder ein Kompliment bekommst, sagst du, es zähle nicht, oder findest Gegenargumente.				
VOREILIGE SCHLÜSSE ZIEHEN: *Gedankenlesen* (die Annahme, dass jemand schlecht von dir denkt) oder *Wahrsagerei* (die Überzeugung, dass etwas schieflaufen wird).				
MAXIMIEREN UND MINIMIEREN: Du übertreibst die Wichtigkeit eines schlechten Ereignisses und redest deine guten Seiten und Vorteile klein.				
EMOTIONALE BEWEISFÜHRUNG: Wenn du es für wahr hältst, muss es wahr sein – egal, was die Tatsachen sagen. Fühlst du dich schlecht, ist die Welt folglich auch schrecklich.				
„SOLLTE"-AUSSAGEN: *Ich sollte …* Du überlädst dich mit Forderungen und Erwartungen und bestrafst dich mit Schuldgefühlen, wenn du sie nicht erfüllen kannst.				
ETIKETTIERUNG: Du hast einen Fehler gemacht? „Ich bin ein Verlierer." Jemand ärgert dich? „Er ist ein Trottel." Mit emotionalen Worten fällst du Pauschalurteile.				
PERSONALISIERUNG: Etwas Schlimmes ist geschehen? Das muss irgendwie deine Schuld sein – selbst wenn das gar nicht möglich ist.				

Die Macht positiver Gedanken

Wenn du verärgert oder überlastet bist, probiere mal diese Übung:

1. Überlege dir einen Satz, der deinen Schmerz oder deine Angst ausdrückt.

2. Weise dem Satz eine Prozentzahl zu: Glaubst du, die Aussage ist zu 100 % wahr? Oder ist sie es eher zu 95 % oder 60 %?

3. Frage dich, ob eines der zehn Verzerrungsmuster auf deine Gedanken zutrifft.

4. Überlege dir positivere Erklärungen für die oder Einstellungen zu der Situation. (Selbst wenn du sie nicht ganz akzeptierst, probiere mal, wie sie sich anfühlen.) Dann suche Beweise, die dafür sprechen, und rechne sie zusammen.

5. Weise deiner Aussage vom Anfang erneut eine Prozentzahl zu. Ist sie jetzt niedriger? (Denk daran, dass du keine 0 % erreichen musst: Wenn du „Ich bin hässlich." zu 90 % gefühlt hast und nun nur noch zu 65 % fühlst, ist das schon ein ziemlicher Fortschritt.)

Diese Übung wird umso wirkungsvoller, je öfter du sie machst. Gewöhne dir an, sie regelmäßig durchzuführen, und überprüfe in einem Monat, wie du dich fühlst.

Verliebt in die Liebe

Wenn man jemanden liebt, versucht man dessen Beweggründe und Träume zu verstehen. Vielleicht gehen uns fiktionale Liebesgeschichten deshalb so ans Herz. Indem wir mit den Figuren fühlen, aktivieren wir den Teil von uns selbst, der sich im wahren Leben nach Liebe sehnt. Mit bestimmten Liebespaaren können sich unglaublich viele Menschen identifizieren. Erkennst du dich in diesen berühmten Liebesgeschichten wieder?

Stolz und Vorurteil

Diese Geschichte von Jane Austen ist Vorlage für viele weitere Liebesgeschichten. Elizabeth Bennet, klug und humorvoll, aber ohne Vermögen und mit peinlicher Familie, lernt Mr Darcy, schön, reich und grandios, kennen. Nach einer Reihe von Missverständnissen glaubt Darcy, die Bennets seien einfältig und nur auf sein Geld aus, und Elizabeth hält Darcy für arrogant und herzlos. Können sich die beiden ihre wahren Gefühle füreinander eingestehen oder wird der Fehlstart alles ruinieren?

Was gefällt dir an dieser Liebesgeschichte?

....

....

Was gefällt dir nicht?

....

....

Wenn du den Figuren einen Rat geben könntest, was würdest du ihnen ans Herz legen?

....

....

Romeo und Julia

Jung, romantisch und waghalsig: Diese beiden Teenager aus der Feder von William Shakespeare verlieben sich über Nacht, doch da ihre Familien sich bekriegen, müssen sie ihre Beziehung geheim halten. Die Tragödie nimmt ihren Lauf. Erst als Romeo und Julia für ihre Liebe sterben, legen die Familien ihre Fehde bei – zu spät für das junge Paar.

Was gefällt dir an dieser Liebesgeschichte?

· ·

· ·

Was gefällt dir nicht?

· ·

· ·

Wenn du den Figuren einen Rat geben könntest, was würdest du ihnen ans Herz legen?

· ·

· ·

Casablanca

Als sie in Paris ein Paar waren, schien es wie die perfekte Liebesgeschichte: Der idealistische Rick und die mutige Ilsa umklammerten sich, als die Nazis alles um sie herum zerstörten. Dann verschwand Ilsa und hinterließ Rick nur eine mysteriöse Notiz mit dem Hinweis, sie könne ihn niemals wiedersehen. Erst als sie sich Jahre später in Casablanca wiedertreffen, entdecken beide ihre Berufung wieder: Sie wollen der Welt dienen und sich gegen das Böse auflehnen – selbst wenn das bedeutet, dass sie sich nur in der Erinnerung lieben dürfen.

Was gefällt dir an dieser Liebesgeschichte?

· ·

· ·

Was gefällt dir nicht?

· ·

· ·

Wenn du den Figuren einen Rat geben könntest, was würdest du ihnen ans Herz legen?

· ·

· ·

Wort-assoziation

Dein Gehirn hat unzählige Aufgaben gleichzeitig zu bewältigen – neben grundlegenden Körperfunktionen wie Herzschlag und Atmung muss es feinste Signale aus deiner Umgebung erkennen und sich klar werden, was es von ihnen halten soll. Bei all der Arbeit können deine Gedankengänge ganz schön kompliziert sein.

Unser Gehirn ist darauf ausgelegt, auf der Suche nach Reaktionen Informationen rasend schnell zu durchforsten, rückwärts und vorwärts und wieder von vorn. Das ist besonders knifflig, wenn es um Gefühle geht. Wir können nämlich beinahe jede Emotion als Reaktion auf beinahe jede Situation fühlen – das kann einen ja nur verwirren!

Wie fühlen wir uns also wirklich? Das ist schwer zu sagen. Aber Wortassoziationen können uns helfen, es herauszufinden. Psychologen haben diesen Test in der Überzeugung entwickelt, dass unmittelbare Reaktionen und instinktive Antworten wahrscheinlich unsere wahren Gefühle preisgeben.

Diesen Test machst du am besten mit einer Freundin. Wechselt euch in den Rollen der Psychologin und der Testperson ab. Die Psychologin liest jedes Wort laut vor und die Testperson antwortet sofort mit dem ersten Wort, das ihr in den Sinn kommt. Vielleicht erfährst du etwas Überraschendes! In die freien Kästchen kannst du eigene Wörter eintragen.

Sport ⬜ 🟩 Ziele ⬜

⬜

⬜⬜⬜⬜⬜⬜

🟥 wachsen

⬜ ja bereuen

⬜ ⬜

Träume ⬜ 🟪

Treue ⬜

⬜ ⬜ 🟦 🟩

🟥

Freunde

Spaß

Analyse
Über deine Antworten nachzudenken, ist eine gute Methode, um zu verstehen, wer du zurzeit bist und wo du stehst. Mache den Test in einem Monat oder Jahr erneut – wahrscheinlich werden deine Antworten dann anders ausfallen. Aber wie fühlen sie sich heute für dich an? Haben sie eventuell Sorgen ans Licht gebracht, die du angehen solltest? Die Macht der Intuition ist nicht zu unterschätzen.

⬜⬜⬜⬜⬜ ⬜

Aufgepasst!

Fällt es dir manchmal schwer, dich im Unterricht zu konzentrieren? Schweifen deine Gedanken ab, wenn du dich mit Freunden unterhältst, dir einen Film ansiehst oder ein Projekt fertigstellen willst? Manche Menschen können sich ganz auf eine Sache konzentrieren und den Rest der Welt ausblenden, für andere ist das ein Ding der Unmöglichkeit. Beantworte diese Fragen und finde heraus, wie es um deine Konzentrationsfähigkeit bestellt ist.

1 Stelle dir einen Ort vor, an dem du dich sehr leistungsfähig fühlst. Wo ist dieser Ort? Was geschieht um dich herum?

....

....

....

....

2 Zu welcher Tageszeit bist du für gewöhnlich am aufmerksamsten? Gibt es Zeiten, zu denen es dir gar nicht gelingt, dich zu konzentrieren?

....

....

....

3 Wie oft schweifen deine Gedanken während des Unterrichts ab? Worüber denkst du dann nach?

....

....

....

....

4 Gestehst du dir selbst Pausen zu, wenn du Schwierigkeiten hast, dich auf ein Projekt zu konzentrieren oder es abzuschließen?

....

....

....

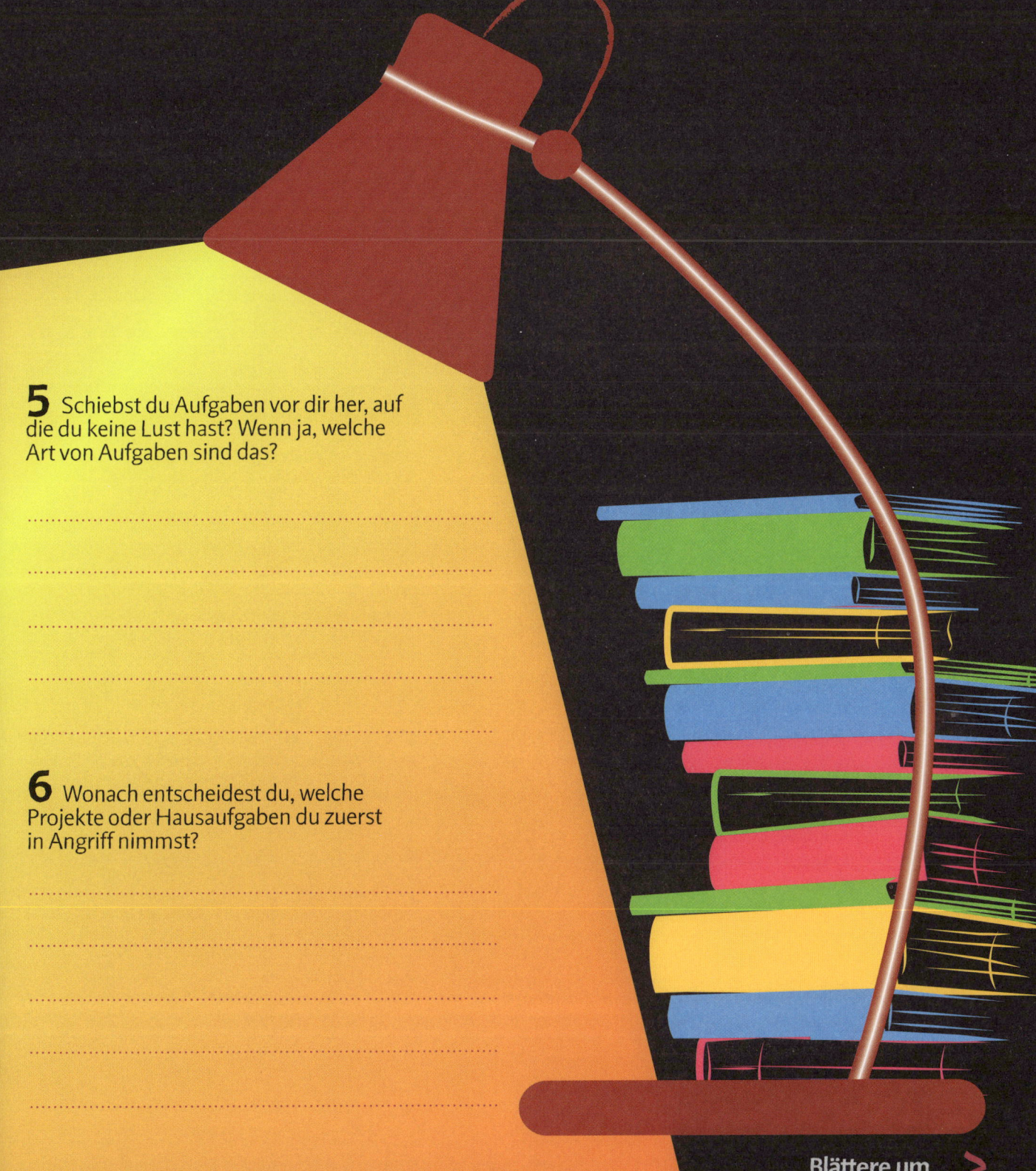

5 Schiebst du Aufgaben vor dir her, auf
die du keine Lust hast? Wenn ja, welche
Art von Aufgaben sind das?

....

....

....

....

....

6 Wonach entscheidest du, welche
Projekte oder Hausaufgaben du zuerst
in Angriff nimmst?

....

....

....

....

....

Blättere um ... >

Aufgepasst!
Analyse

1

War der Ort, an dem du dich so gut sammeln kannst, ein stilles Kämmerlein oder ein öffentlicher Ort? Manche Menschen brauchen eine ruhige Umgebung, während andere die Arbeit in einer lebhaften Atmosphäre inspiriert. Zu wissen, welcher Ort dir guttut und welches Zubehör – etwa eine Tasse Tee, dein Lieblingsstift oder ein bestimmtes Lied –, kann dir dabei helfen, den Fokus zu finden.

2

Wachst du morgens erfrischt auf, bereit den Tag zu nutzen und dich seinen Herausforderungen zu stellen? Oder schiebst du lieber Nachtschichten? Indem du auf deinen inneren Rhythmus hörst, kannst du herausfinden, wann du am konzentriertesten bist. Natürlich gibt es Zeiten, zu denen du dich konzentrieren musst, egal was deine innere Uhr sagt. Dann sorge dafür, dass du so ausgeruht wie möglich bist und genug gegessen hast. Chemische Vorgänge in Körper und Gehirn spielen nämlich eine wichtige Rolle bei der Konzentrationsfähigkeit.

3

Wenn deine Gedanken häufig abschweifen oder du kein Projekt zu Ende bringst, weil dein Gehirn sofort zur nächsten Idee springt, wirke dem aktiv entgegen. Erlaube dir nicht, etwas Neues anzufangen, bis du dein aktuelles Projekt beendet hast. Probiere doch auch einmal Meditation. Sie kann dir helfen, dich auf ein einzelnes Thema einzustimmen und störende Gedanken und Geräusche auszublenden.

4

Regelmäßig Pausen einzulegen ist wichtig! Strecke dich, mach einen Spaziergang oder surfe im Internet – nur für ein paar Minuten. Es ist wichtig, dass du dich an deine Regeln hältst, sonst entgleitet dir das vorliegende Projekt vollends. Belohne dich mit einer kurzen Lernpause und widme dich danach deiner Aufgabe mit neuer Energie.

5

Beim Aufschieben von Dingen spricht man von Vermeidungsstrategien. Das machen wir alle, wenn wir uns vor einer Aufgabe fürchten. Meistens verlängern wir so aber nur die Zeit der Besorgnis. Der Stress verschwindet nicht und verhindert wahrscheinlich sogar, dass wir das genießen, was wir beim Aufschieben tun. Sobald du dich hinsetzt und die Sache angehst, kannst du sie als lösbare Aufgabe wahrnehmen und nicht als alles einnehmende Angst. So erlangst du Kontrolle. Hilf dir selbst!

6

Setze Prioritäten! Dinge in eine Reihenfolge zu bringen und Schritt für Schritt anzugehen, wird dir helfen, deine Aufgaben zu bewältigen, ohne dass sie dich überwältigen. Es ist viel einfacher, sich auf kleine Aufgaben zu konzentrieren als auf größere Projekte. Um also eine große Aufgabe von deiner To-do-Liste zu streichen, bringe Ordnung in die dazugehörigen Teilaufgaben.

„Fantasie

IST DER SCHLÜSSEL

ZUR ZUKUNFT.

Ohne sie

GIBT ES KEINE –

mit ihr

IST ALLES

MÖGLICH."

Ida Tarbell

Was kritzelst du?

Hin und wieder gewinnt unser Stift die Oberhand und wir kritzeln Zeichnungen auf den Rand unseres Hefts oder Blocks. Hast du dich schon mal gefragt, ob deine Kritzeleien eine tiefere Bedeutung haben? Kritzle auf diesen Seiten herum oder gehe deine Schulhefte durch. Dann sieh nach, ob die Analysen auf dich zutreffen.

Gerade Linien und Winkel: Hast du Schwierigkeiten, deine Gedanken zu sortieren und konzentriert zu bleiben?

Geschwungene Linien: Du bist entspannt und offen.

Attraktive Gesichter: Du fühlst dich nett oder ehrgeizig.

Hässliche Gesichter: Du fühlst dich defensiv oder albern.

Bäume stehen für Leben oder Vitalität.

Felder auszumalen deutet Langeweile an, ein Gefühl, Zeit „auszufüllen".

Blumen verbindet man mit Liebe und der Seele. (*Blühen deine Blumen oder welken sie?*)

Blätter oder Federn: Natürlich und beinahe symmetrisch vermitteln sie das Streben nach Ausgeglichenheit.

Tiere stehen für deinen Geist. (*Welche Laune haben deine Tiere?*)

Welche Art von Bildchen zeichnest du immer und immer wieder? Was bedeuten sie für dich?

Monster: Sind sie grotesk, findest du vielleicht einen Menschen oder eine Situation monströs – oder du hast eine wilde Seite, die du im Alltag nicht ausleben kannst.

Autos symbolisieren Freiheit und Macht.

Maschinen weisen auf Vielschichtigkeit und Analyse hin. *(Suchst du eine geistige Herausforderung?)*

Waffen deuten unterdrückte Aggressionen oder den Wunsch nach Macht und Stärke an.

Gebäude wecken die Sehnsucht nach einem gemütlichen mentalen oder sozialen Ort.

Enneagramm-typen

Der in den 1970er-Jahren entwickelte Enneagramm-Test ist bei Managern und spirituellen Gruppen beliebt. Er basiert auf der Vorstellung von neun verschiedenen Persönlichkeitstypen, von denen einer den Grundtyp deines Charakters darstellt. Deine Persönlichkeit kann auch „Flügel" haben, also einige Eigenschaften mit im Kreis benachbarten Typen teilen. Beispielsweise könntest du vom Grundmuster her eine Eins mit einem Zweierflügel sein, oder eine Eins mit Neunerflügel.

Jeder Persönlichkeitstyp kann sich auf gesunde oder ungesunde Weise äußern. Daher können sich die Lebenswege von zwei Menschen des gleichen Grundtyps stark unterscheiden. Nach dem Enneagramm gibt es nicht einen richtigen Weg, wie man sein soll. Vielmehr geht es darum, das gesündeste Ich herauszukitzeln.

Lies dir auf den nächsten Seiten die Texte zu den Persönlichkeitstypen durch. Welcher klingt am ehesten nach dir? Das ist dein Grundtyp. Hat deine Persönlichkeit auch einen Flügel?

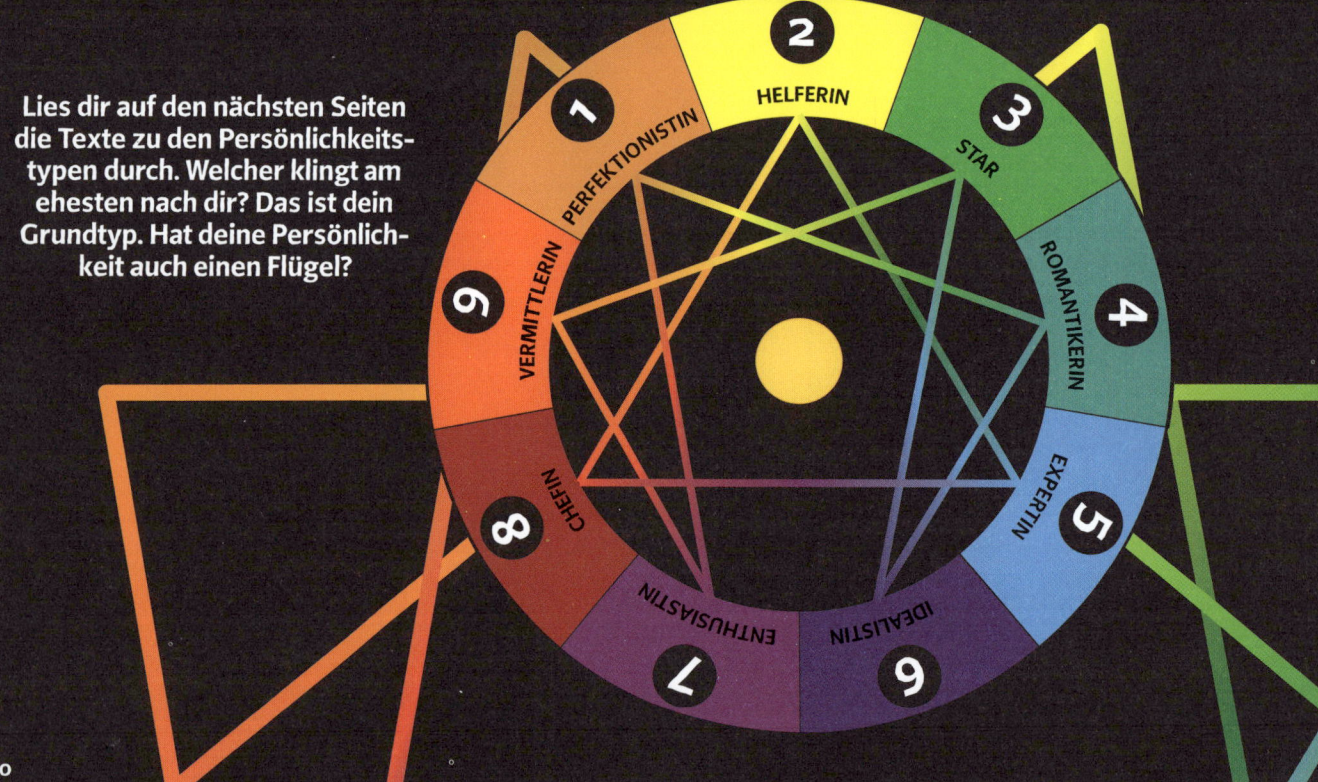

1 PERFEKTIONISTIN
2 HELFERIN
3 STAR
4 ROMANTIKERIN
5 EXPERTIN
6 IDEALISTIN
7 ENTHUSIASTIN
8 CHEFIN
9 VERMITTLERIN

1

PERFEKTIONISTIN

**EINSEN SIND PER-
FEKTIONISTINNEN,**
ob nun im öffentlichen oder im
eigenen Interesse. Ihr höchstes Ziel
ist es, ihrem Leben einen Sinn zu geben.
Während sie oberflächlich rational erscheinen mögen, stehen im Inneren die Emotionen an erster Stelle. Im besten Fall sind
Einsen objektiv, aber leidenschaftlich, die
Art Mensch, die die Welt verändern
kann. Im schlimmsten Fall sind sie
selbstgerecht und wertend.

2

HELFERIN

**ZWEIEN
SIND FÜRSORGLICH.**
Sie haben den starken Wunsch,
geliebt zu werden, und tun aus diesem
Antrieb heraus viel für andere. Während sie
stark wirken können, kämpfen sie insgeheim
häufig mit dem Wunsch nach Anerkennung.
Im besten Fall akzeptieren Zweien ihre eigenen
Bedürfnisse, während sie als lebhaftes Zentrum gegenseitiger Güte anderen verbunden
bleiben. Ungesunde Zweien können
denjenigen gegenüber, die ihnen
undankbar erscheinen, wütend
und herrisch werden.

3

STAR

**DREIEN
SIND DIE STARS
DER WELT.**
Sie wollen sich weiterentwickeln
und als erfolgreich gesehen werden.
Oberflächlich selbstsicher, verbirgt die
goldene Maske, die andere zu Gesicht
bekommen, oft eine starke Verletzlichkeit.
Die gesündesten Dreien sind geborene Lehrer und Mentoren. Sie erkennen die Talente
anderer und wissen, dass deren Erfolg den
eigenen nur steigern kann. Ungesund
können sie gemein sein oder an-
geben statt ehrlich zu sein.

Blättere um ... >

< Enneagramm-typen

VIEREN GEHT ES VOR ALLEM UM ECHTHEIT.

Da sie sich irgendwie anders als die anderen fühlen, wollen sie sichergehen, wirklich sie selbst zu sein. Im schlimmsten Fall können Vieren Melancholie empfinden, überzeugt, dass jeder sie falsch einschätzt. Doch im besten Fall können Vieren aus ihren eigenen starken Gefühlen lernen und den universellen Gefühlen der Menschheit Einsicht und Mitgefühl entgegenbringen, indem sie ehrlich, ausdrucksstark und gänzlich einzigartig werden.

ROMANTIKERIN

4

FÜNFEN SIND GEBORENE EXPERTINNEN.

Was auch immer sie anpacken, wollen sie richtig machen. Sie bemühen sich daher, ihre Kenntnisse und Fähigkeiten zu vertiefen. Dinge zu verstehen, um sie zu beherrschen, ist ihr wahres Ziel. Von Natur aus introvertiert und unkonventionell, können sich ungesunde Fünfen von der Welt abschotten. Gesund jedoch sind Fünfen unabhängig und originell, schlagen neue Wege ein und bringen das Wissen aller voran.

EXPERTIN

5

SECHSEN SIND ZYNISCHE IDEALISTINNEN.

Sie glauben, dass die Welt da draußen hart ist, und misstrauen den meisten Menschen. Finden sie jedoch jemanden, den sie bewundern oder unterstützen können, ist an ihrer Loyalität nicht zu rütteln. Hinter dieser verbitterten Fassade steckt ein ängstlicher Mensch, der richtig handeln möchte, dafür aber Hilfe braucht. Ungesunde Sechsen können autoritär und paranoid sein, gesund sind sie verlässlich und liebevoll – eine unentbehrliche Quelle des Guten.

IDEALISTIN

6

SIEBENEN SIND ENTHUSIASTISCH

und wollen alles ausprobieren, was das Leben zu bieten hat. Für eine Sieben ist Vorfreude aufregend und die Zukunft voller Möglichkeiten. Gesunde Siebenen sind großzügig und charmant, lenken ihre Energie in positive Kanäle, sind lebenslustig und machen sich selbst und alle um sie herum glücklich. Unglückliche Siebenen können aggressiv und herzlos in ihrem Streben nach Erfüllung werden, und ungeduldig gegenüber denen, die die Dinge anders machen als sie.

ENTHUSIASTIN

7

ACHTEN SIND CHEFINNEN.

Sie sind praktisch veranlagt, stark und ohne Angst vor Konfrontation. Achten möchte man bei einem Konflikt auf seiner Seite haben, jedoch ungern gegen sich aufbringen, da sie rachsüchtig, tyrannisch und gnadenlos sein können. Gesund ist eine Acht hingegen ein Fels in der Brandung. Achten finden ihren Frieden, indem sie sich allen gegenüber anständig verhalten und wenn geliebte Menschen ihnen Vertrauen und Liebe schenken.

CHEFIN

8

NEUNEN SIND VERMITTLERINNEN,

aber glaube nicht, dass sie das schwach macht. Neunen wollen sich eingebunden und unbeschwert fühlen. Sie sind sehr stark und setzen diese Stärke ein, um Konflikte zu verhindern und für Harmonie zu sorgen. Neunen, die ihre Stärken akzeptieren, sind friedvoll und ehrlich, haben oft Sinn für Humor und schätzen Zufriedenheit. Ungesund können Neunen stur und passiv-aggressiv sein, da sie nur sehen, was sie sehen wollen.

VERMITTLERIN

9

1

9

8

2

3

4

5

Ich glaube, das Grundmuster meiner Persönlichkeit ist:

Ich glaube, mein Persönlichkeitsflügel ist:

7

6

Draufgänger, hergehört!

GRUPPE 2

- Dich in einen Film ab 18 schleichen
- Mit jemand Vergebenem flirten
- Mit einer Lüge davonkommen
- Klamotten tragen, die deine Familie nicht gutheißt
- Im Unterricht Zettel rumgeben
- Graffiti sprühen
- Lehrern widersprechen
- Mit Leuten reden, von denen deine Freunde wenig halten
- Ausgehen, obwohl du Hausarrest hast
- Beim Training oder einem Job früher gehen

GRUPPE 3

- Einen Fremden anstarren
- Einer Freundin sagen: „Darin siehst du dick aus."
- Geheimnisse verraten
- Einem Klassenkameraden sagen, wie beleidigend er ist
- Hemmungslos streiten
- Einem Verwandten sagen, wie seltsam er ist
- Einem Telefonverkäufer die Meinung sagen
- Jemandem sagen, dass sein Witz nicht lustig war

GRUPPE 1

- Paintball spielen
- Achterbahn fahren
- Ski fahren
- Autorennen fahren
- Fallschirmspringen
- Rollschuhrennen fahren
- Boxen oder Ringen
- Motorrad fahren
- Jetboot fahren
- Klettern

Welche Risiken würdest du eingehen? Kreuze an, was du schon gemacht hast oder machen würdest, wenn du könntest. Dann blättere um.

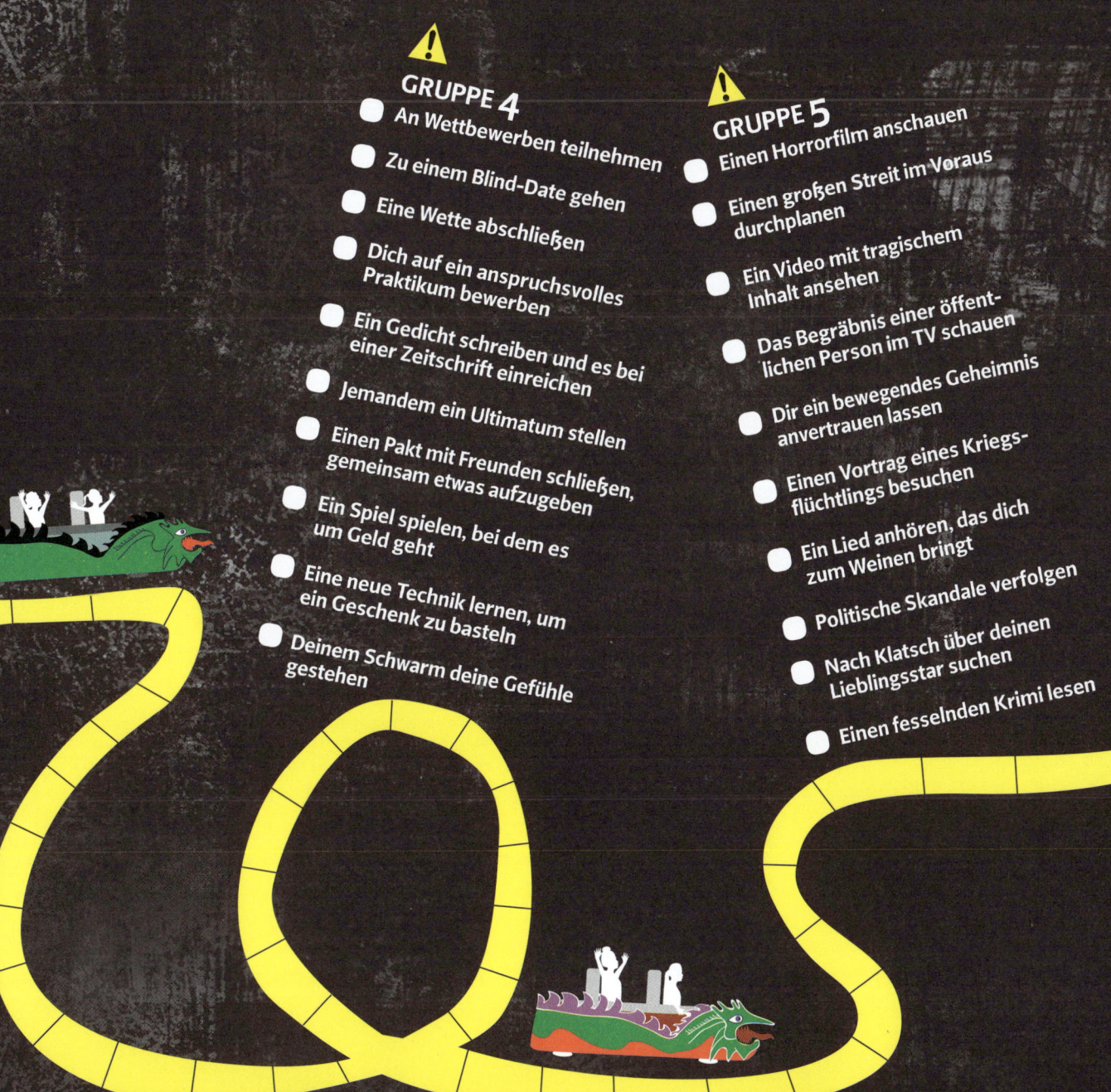

GRUPPE 4

- An Wettbewerben teilnehmen
- Zu einem Blind-Date gehen
- Eine Wette abschließen
- Dich auf ein anspruchsvolles Praktikum bewerben
- Ein Gedicht schreiben und es bei einer Zeitschrift einreichen
- Jemandem ein Ultimatum stellen
- Einen Pakt mit Freunden schließen, gemeinsam etwas aufzugeben
- Ein Spiel spielen, bei dem es um Geld geht
- Eine neue Technik lernen, um ein Geschenk zu basteln
- Deinem Schwarm deine Gefühle gestehen

GRUPPE 5

- Einen Horrorfilm anschauen
- Einen großen Streit im Voraus durchplanen
- Ein Video mit tragischem Inhalt ansehen
- Das Begräbnis einer öffentlichen Person im TV schauen
- Dir ein bewegendes Geheimnis anvertrauen lassen
- Einen Vortrag eines Kriegsflüchtlings besuchen
- Ein Lied anhören, das dich zum Weinen bringt
- Politische Skandale verfolgen
- Nach Klatsch über deinen Lieblingsstar suchen
- Einen fesselnden Krimi lesen

Blättere um ... >

Draufgänger, hergehört!
Analyse

Jede Gruppe testet eine andere Art von Draufgänger. Zähle nach, wie viele Aussagen du jeweils angekreuzt hast, dann lies die Analysen.

GRUPPE 1
Den Rausch genießen

Fünf oder mehr:
Hallo, Adrenalin-junkie! Nichts geht über einen guten Rausch, um sich lebendig zu fühlen. Körperliche Herausforderungen können zu den großartigsten Momenten deines Lebens gehören. Du musst dich nicht wirklich in Gefahr begeben – es gibt sichere Sportarten, Spiele und Erfahrungen, die für Nervenkitzel sorgen, ohne dass du gleich dein Leben riskierst. Solange du vernünftig bleibst, wirst du eine Menge Spaß haben.

Vier oder weniger: Dachtest du „Auf keinen Fall!", als du die Liste durchgelesen hast? Die starken Reize, die Extremsportarten bieten, sind mehr, als du willst oder brauchst. Überlasse das Bungeejumping, Fallschirmspringen und Klettern denen, die es genießen!

GRUPPE 2
Regeln brechen

Sechs oder mehr:
Soziale Konventionen zu brechen zieht dich an. Die Gesellschaft setzt Normen durch – und manche bestehen aus gutem Grund. Andere können jedoch sinnlos erscheinen und du sprengst gern Grenzen.

Drei bis fünf: Du bist eher der gewissenhafte Typ. Du kennst die Regeln und hältst dich daran. Sorge aber dafür, dass du ihren Sinn verstehst, bevor du sie befolgst. Auch törichte Menschen machen Regeln.

Zwei oder weniger: Hast du dir bei einem Blick auf die Liste gedacht: „Die Aufregung würde ich nicht aushalten"? Vielleicht fürchtest du dich vor Ablehnung. Wenn du dich sorgst, Menschen zu verärgern, zeugt das von Umsicht. Bereitet dir die Vorstellung, Ärger zu bekommen, jedoch echte Angst, frage dich, warum. Auch wer hin und wieder etwas falsch macht, kann ein guter Mensch sein.

GRUPPE 3
Dich selbst finden

Fünf oder mehr:
Konflikte gehören zum Leben dazu und du riskierst bereitwillig Streit. Du findest vielleicht, dass du einfach nur ehrlich bist, andere sehen in dir aber einen Störenfried. Strebe ein Gleichgewicht an. Sich durchzusetzen ist eine wichtige Fähigkeit, aber sieh zu, dass das nicht auf Kosten anderer geschieht.

Vier oder weniger: Du willst Konflikte um jeden Preis vermeiden, was wohl bedeutet, dass man mit dir sehr gut auskommt. Aber wenn du nicht aufstehst und sagst, was du wirklich denkst, wenn es drauf ankommt, wird dich das auf lange Sicht nur frustrieren. Statt hitzköpfig zu streiten, hältst du dich lieber im Zaum, und das ist bewundernswert. Hier ist es wichtig, zu wissen, wann es das Risiko wert ist, dein Schweigen zu brechen.

GRUPPE 5
Gefühle auskosten

Fünf oder mehr:
Für dich sind Gefühle ein Abenteuer. Du unterziehst deine Leidenschaft einer Prüfung, indem du dich emotionalen Extremen aussetzt. Empathie einzusetzen kann dabei helfen, dein Verständnis und dein Mitgefühl zu stärken. Aber pass auf, dass du dich nicht in den Gefühlen anderer verlierst und es vermeidest, deine eigenen zu erleben.

Vier oder weniger: Die Probleme anderer interessieren dich nicht, das heißt aber nicht, dass du gefühllos bist. Du würdest sie einfach lieber zufrieden sehen. Oder bist du zu sehr mit deinen eigenen Gefühlen beschäftigt?

GRUPPE 4
Risiken eingehen

Fünf oder mehr: Du hast eine Glückssträhne, oder? Du bist bereit, für etwas Großartiges die Würfel rollen zu lassen, egal wie riskant. Das bedeutet nicht, Geld zu setzen – wenn du dich auf ein Projekt oder eine neue Freundschaft einlässt, die im Sande verlaufen könnten, investierst du Zeit und Energie in einen „Preis", der unerreichbar werden könnte. Der Trick ist es, die Gewinnchancen zu kennen: Auf manche Dinge lohnt es sich zu wetten, doch manchmal muss man den Schaden gering halten und weiterziehen.

Vier oder weniger: Du gehst lieber auf Nummer sicher und wählst Gelegenheiten, die aller Voraussicht nach Nutzen bringen werden, als für einen möglichen Hauptgewinn einen großen Verlust zu riskieren. Du bist zuverlässig und beständig, zwei exzellente Eigenschaften. Wenn du verpassten Chancen nachtrauerst, sei nächstes Mal noch etwas mutiger.

CASTING

Der Film deines Lebens

Die gute Nachricht: Hollywood ist am Telefon und will dein Leben verfilmen. Die richtig gute Nachricht: Du darfst die Rollen verteilen! Mit welchen Schauspielern und Schauspielerinnen besetzt du die Schlüsselrollen? Überlege zuerst, wer dich spielen soll, dann entscheide, wer sonst noch in deiner Geschichte vorkommt und wer diese Rollen verkörpern soll.

HAUPTROLLE (DU!)
Gespielt von:

NEBENROLLE:

Gespielt von:

NEBENROLLE:

Gespielt von:

ROLLE:

Gespielt von:

ROLLE:

Gespielt von:

ROLLE:

Gespielt von:

ROLLE:

Gespielt von:

ROLLE:

Gespielt von:

ROLLE:

Gespielt von:

ROLLE:

Gespielt von:

ROLLE:

Gespielt von:

ROLLE:

Gespielt von:

Palette der Natur

Auf Seite 22 hast du die Farbe deiner Persönlichkeit entdeckt. Nun finde heraus, was deine Lieblingsfarbe über dich und dein Verhältnis zur Natur sagt.

Orange
ist die Farbe der WÄRME.

Flammen, Sonnenuntergänge und Blumen haben alle dieses Strahlen. Denk an frische Orangen und Kürbislaternen zu Halloween. Sanftes, aber starkes Orange assoziiert man mit dem Erhellen von Dunkelheit. Wer Orange liebt, liebt die Hoffnung in der Not, glaubt, dass es immer ein Licht gibt, dem man folgen kann.

Rot
ist die Farbe der VITALITÄT.

Wir assoziieren es mit Gefahr – Blut, Alarm, Stoppschilder. Zugleich ist es vertraut. Egal wie wir äußerlich aussehen, unter der Haut ist unser Körper hauptsächlich rot. Es ist eine Farbe, die für das „Herz" der Dinge steht, wo wir Trost finden. Wer Rot liebt, liebt Sicherheit und Gefahr als die zwei Seiten einer Münze.

Grün
ist die Farbe der HARMONIE.

Grün ist Leben für wachsende Pflanzen, die Farbe von Blättern, die Licht tanken und die Welt saftig machen. Ein Tag ohne Grün ist ein Tag ohne Natur. In ihrer Grünheit ist die Welt am frischesten und gesündesten. Grün bedeutet Ausgeglichenheit. Wer Grün liebt, mag die Ruhe, liebt und schätzt die Natur und respektiert unseren Platz in der Welt.

Gelb
ist die Farbe der ENERGIE.

Keine Farbe ist frühlingshafter, denk an Küken oder Narzissen. Ein gelbes Zimmer wirkt selbst am trübsten Tag frisch und fröhlich. Die Farbe hat etwas jugendhaftes, ein Gefühl von Neuanfang und glänzenden Aussichten. Wer Gelb liebt, liebt die Wiedergeburt, glaubt, dass wir uns nicht zurückhalten müssen – dass morgen noch besser als heute werden kann.

Blau
ist die Farbe des FRIEDENS.

Im blauen Himmel eines Sommertags – Blau ist immer da, direkt über unseren Köpfen, an jedem Horizont. Die blauen Wasser von Meeren und Seen reinigen, verleihen der Farbe eine heilende Note. Wer Blau liebt, liebt natürliche Schönheit, schätzt das Wissen, dass die Welt sich in alle Richtungen erstreckt und uns Trost und Möglichkeiten bietet.

Violett
ist die Farbe des GEISTS.

Vom prachtvollen Purpur alter Herrscher bis zum unteren Streifen eines Regenbogens – Violett steht für Dramatik und Erhabenheit und erinnert in seiner Leuchtkraft daran, wie farbenfroh die Welt sein kann. In Violett finden wir Freude und Stolz. Wer es liebt, liebt spektakuläre Schönheit, weiß, dass das Glück in der Wertschätzung der Natur und des Menschen liegt.

Gold
ist die Farbe des FEIERNS.

Im Funkeln goldenen Metalls sehen wir reine Schönheit um der Schönheit willen. Aus Gold lässt sich wenig Praktisches herstellen, und doch lieben wir es. Gold rostet nicht, seine Perfektion ist immun gegen die Sorgen gewöhnlicher Dinge. Wer Gold liebt, liebt Freude und weiß, dass Zufriedenheit wertvoll ist und es lohnt, danach zu suchen.

Braun
ist die Farbe der REALITÄT.

Die Erde unter unseren Füßen besteht aus brauner Festigkeit. Im Herbst färben sich die Blätter braun und erinnern uns an den Kreislauf des Lebens. Braun ist eine verlässliche Farbe, die tröstet, indem sie uns an nahrhaftes Essen und starke Baumstämme erinnert. Wer Braun liebt, vertraut der Welt und weiß, dass auch die alltäglichsten Dinge wertvoll sind.

Weiß
ist die Farbe der REINHEIT.

Eine Farbe, so sauber, dass nur die unberührtesten Dinge sie tragen können – von frisch gefallenem Schnee bis hin zu Kirschblüten – die Zerbrechlichkeit von Weiß erzählt von einem Moment der Perfektion, der Welt vor dem Einfluss der Zeit. Wer Weiß liebt, schätzt das Flüchtige, weiß, dass nichts ewig makellos bleibt, und genießt es umso mehr.

Silber
ist die Farbe des BEWUSSTSEINS.

In der Schönheit von Silberschmuck und selbst von Silberbesteck sehen wir das Erbe menschlichen Erfindergeists, der uns hierhergebracht hat. Wer Silber liebt, liebt die Erkenntnis, den Funken eines aktiven, klugen Geists, der nachdenkt und sich einer Fülle von Möglichkeiten öffnet.

Warum ändert sich unsere Lieblingsfarbe mit der Zeit?

Über unsere Farbvorlieben sprechen wir mit uns selbst, sagen uns, wie wir uns fühlen – in einer Sprache, die uns hilft, wenn die richtigen Worte fehlen. Hast du deine Wertvorstellungen überdacht oder siehst du dich jetzt anders? Hat sich dein Leben verändert, sodass du nun mehr von einer Eigenschaft nötig hast als von einer anderen? Welche Farben brauchst du gerade am meisten?

Erkläre deine Unabhängigkeit

Aufgabenliste

Der Wunsch nach Unabhängigkeit kann kompliziert sein. Womöglich willst du immer dringender auf eigenen Füßen stehen, doch andere senden dir uneindeutige Signale. Oft wird von dir erwartet, selbstständig und verantwortungsbewusst zu handeln, doch gleichzeitig traut man dir noch nicht zu, alles allein zu machen.

Der Weg zur Unabhängigkeit ist lang und verschlungen. Jeder geht ihn in seinem eigenen Tempo. Wo auf diesem Weg befindest du dich gerade?

Kreise je eine Antwort auf die folgenden Fragen ein:

1 IM KINO LÄUFT EIN NEUER FILM, DEN DU SEHEN WILLST, DEINE FREUNDE ABER NICHT. WAS TUST DU?

A. Allein reingehen. Es geht dir ja um den Film und nicht um die Gesellschaft.

B. Sie überreden, mit dir zu gehen, indem du versprichst, danach etwas zu machen, worauf sie Lust haben.

C. Die Idee aufgeben. Du wirst ihn dir einfach ansehen, wenn er auf DVD rauskommt.

2 DEIN LIEBLINGSOBERTEIL IST SCHMUTZIG, ABER DU WILLST ES MORGEN ANZIEHEN. ES DARF IN DIE WASCHMASCHINE, ABER NICHT IN DEN TROCKNER. WAS TUST DU?

A. Es mit einer Ladung Schmutzwäsche waschen und direkt zum Trocknen aufhängen.

B. Das Oberteil in die Maschine stecken und hoffen, dass du daran denkst, sie auszuräumen, bevor es jemand anders tut.

C. Entweder deine Eltern bitten, das Oberteil für dich zu waschen, oder es schmutzig tragen.

3 IN EINIGEN WOCHEN STEHT EIN GROSSER TEST AN UND DU MUSST DICH VORBEREITEN. WAS TUST DU?

A. Einen Zeitplan aufstellen, andere Pläne absagen und dich aufs Lernen konzentrieren.

B. Deine Freunde fragen, ob ihr nicht ein paar Abende lang zusammen lernen könnt.

C. Eine Lerngruppe organisieren, damit ihr jeden Abend zusammen lernen könnt.

4 DU BIST EINEN ABEND ALLEIN ZU HAUSE UND HAST HUNGER. WAS TUST DU?

A. Dir ein richtiges Gericht kochen, dich hinsetzen und es genießen.

B. Den Kühlschrank nach Resten oder einfachen Snacks durchstöbern.

C. Hungern, bis jemand heimkommt, der dir Abendessen kocht.

5 DU MUSST DEINE HAUS- AUFGABEN FERTIG MACHEN, ABER KOMMST NICHT WEITER. WAS TUST DU?

A. In Büchern und im Internet nachlesen und versuchen, das Poblem zu knacken.

B. Deine Freunde anrufen und fragen, ob sie auch feststecken.

C. Deine Eltern um Hilfe bitten. Wenn sie nicht helfen können, die Aufgabe offen lassen, bis du deinen Lehrer danach fragen kannst.

6 ALLE DEINE FREUNDE SIND ÜBERS WOCHENENDE WEG. WAS TUST DU?

A. Dich allein beschäftigen.

B. Deine Familie bitten, ob ihr nicht alle zusammen etwas unternehmen könnt.

C. Dich langweilen und die Minuten zählen, bis deine Freunde zurückkommen.

7 DEINE FAMILIE IST EINEN ABEND AUSSER HAUS, ALS DER STROM AUSFÄLLT. WAS TUST DU?

A. Taschenlampen und Kerzen suchen und deinen Abend fortsetzen.

B. Ein Familienmitglied auf dem Handy anrufen und um Rat fragen.

C. Im Dunkeln den Weg in dein Zimmer suchen und ins Bett gehen.

Blättere um … >

Erkläre deine Unabhängigkeit
< Antworten

Für jedes A bekommst du
3 Punkte.

Für jedes B bekommst du
2 Punkte.

Für jedes C bekommst du
1 Punkt.

Deine Punktzahl: _____

Punktzahl von 7–11:

Du wirst flügge

Du gehst gerade los, aber zur Unabhängigkeit ist es noch ein weiter Weg für dich. Gut, dass es Menschen in deinem Leben gibt, auf die du dich verlassen kannst. Hoffentlich bedeutet das, dass deine Familie zuverlässig ist und deine Freunde gute Gesellschaft sind. Aber bevor du vollkommen unabhängig bist, musst du noch eine Menge dazulernen. Versuche doch nach und nach immer mehr allein, damit du Vertrauen in deine Fähigkeiten bekommst. Natürlich ist es in manchen Situationen zu Hause oder in Gesellschaft einfacher, unabhängig zu sein, als in anderen. Wenn deine Eltern dich nicht gern Neues ausprobieren lassen oder deine Freunde beleidigt sind, wenn du nicht alles mit ihnen gemeinsam machst, musst du lernen dich durchzusetzen.

Punktzahl von 12–16:
Du als Teil der Gruppe

Wenn nötig, kommst du auch allein klar, aber gegen ein wenig Unterstützung hast du nichts einzuwenden. Vor die Wahl gestellt, würdest du Dinge lieber mit anderen gemeinsam machen, als auf eigene Faust zu handeln. Viele Menschen fühlen sich in Gruppen wohler und es gibt genügend Situationen, in denen viele Köpfe besser sind als einer. Im Moment befindest du dich womöglich in der geselligsten Phase deines Lebens und eine Menge Mädchen finden, dass fast alles mit Freundinnen zusammen besser ist. Solange ihr ein glückliches, gesundes Verhältnis zueinander habt, kann die Bindung zu deinen Freunden und Freundinnen eine feste Grundlage für die Zukunft sein. Auf der anderen Seite gibt es Zeiten, in denen niemand da ist, daher ist es gut, Dinge im Notfall allein machen zu können. Solange du das hinkriegst, ist nichts falsch daran, Unternehmungen in der Gruppe zu bevorzugen. Finde einfach deine Komfortzone.

Punktzahl von 17–21:
Du im Alleingang

Wenn es darum geht, dich um dich selbst zu kümmern, bist du mehr oder weniger jetzt schon erwachsen. Manche sehr unabhängige Menschen haben als Kinder nicht viel Unterstützung bekommen und waren so gezwungen, schnell selbstständig zu werden. Andere hatten ausreichend Unterstützung, nehmen die Zügel aber einfach gern selbst in die Hand und machen die Dinge auf ihre Weise. Egal zu welcher Gruppe du gehörst, du hast alles im Griff und weißt, wie du dich zu verhalten hast. Denk aber daran, dass es nicht das Gleiche ist, unabhängig zu sein und antisozial zu sein. Nur weil du Dinge allein meistern kannst, bedeutet das nicht, dass du keine andere Wahl hast. Es ist okay, dich hin und wieder auf andere zu verlassen, vor allem, wenn du mal in der Tinte sitzt.

VERBORGENE TALENTE

Manche Menschen sind Konzertpianisten oder Fußballstars, aber auch weniger spektakuläre Talente sind richtig cool. Selbst wenn du keinen Rückwärtssalto schaffst, gibt es bestimmt ein paar Dinge, die außer dir niemand sonst kann — ob das nun eine lustig verstellte Stimme, wildes Luftgitarrenspiel oder dieser seltsame Fingertrick ist. Trage hier ein paar deiner verborgenen Talente ein.

Was kannst du?

....

....

....

Wer weiß davon?

....

Wann führst du es vor?

....

....

....

Was kannst du?

....

....

Wer weiß davon?

....

Wann führst du es vor?

....

....

Was kannst du?

....

....

....

Wer weiß davon?

....

Wann führst du es vor?

....

....

....

Blättere um .... >

< VERBORGENE TALENTE

Probiere mal diese Tricks aus!

Kreuze an, was du kannst.

- ○ Mit den Ohren wackeln
- ○ Schielen
- ○ Mit einem Auge schielen, das andere rollen
- ○ Deine Zunge rollen
- ○ Deine Zunge vierfach wie ein Kleeblatt rollen
- ○ Mit der Zunge die Nasenspitze berühren
- ○ Eine Augenbraue hochziehen
- ○ Die Unterlippe über die Nase ziehen
- ○ Spagat
- ○ Ohne Schablone einen perfekten Kreis zeichnen
- ○ Superschnell einen Zungenbrecher aufsagen
- ○ Eine Münze auf dem Ellenbogen balancieren und sie dann mit der Hand fangen
- ○ Die Füße hinter den Kopf legen
- ○ Mit der Nase wackeln
- ○ An deinem eigenen Ellenbogen lecken
- ○ Dir selbst Zöpfe flechten
- ○ Jemanden nachahmen oder die Stimme verstellen
- ○ Einen sehr hohen oder tiefen Ton singen

" Wenn du die **gewöhnlichen** Dinge des Lebens *auf eine ungewöhnliche Weise* tust, wirst du die **Aufmerksamkeit** der ganzen Welt auf dich ziehen. **"**

George Washington Carver

Regeln brechen

Manchmal scheint es, als ob das ganze Leben nur aus Regeln bestünde. Manche von uns mögen Regeln, da klare Ansagen es erleichtern, dass alle gut miteinander auskommen. Andere hingegen hassen Regeln und finden sie kleinkariert und einengend. Wo stehst du?

1 Auf dem Weg ins Schwimmbecken siehst du ein Schild mit Verhaltensregeln. Was tust du?

☐ **A.** Es ganz lesen. Jedes Bad hat eigene Regeln und ich will wissen, worauf ich mich einlasse.

☐ **B.** Einfach weiterlaufen. Ich hatte sowieso nicht vor, etwas Verrücktes zu tun.

☐ **C.** Es lesen, um zu sehen, ob sie fair sind. Wenn nicht, werde ich später mit den Betreibern sprechen.

☐ **D.** Eine Regel suchen, die ich ohne Gefahr brechen kann. Das mache ich dann zum Spaß.

☐ **E.** Es ignorieren und machen, was ich will – jedenfalls wenn der Rettungsschwimmer nicht guckt!

2 Du willst mit deiner Familie ein neues Brettspiel spielen. Was tust du?

☐ **A.** Die Anleitung ganz lesen und sichergehen, dass jeder sie verstanden hat.

☐ **B.** Gerade genug lesen, um das Prinzip zu verstehen. Wir können später immer noch nachschauen.

☐ **C.** Sofort mit dem Spielen loslegen. Mitspieler, die fair agieren, sind mir wichtiger als das Regelbuch.

☐ **D.** Genau hinhören, wenn die Regeln vorgelesen werden – aber nur, damit ich sie umgehen kann.

☐ **E.** Hoffen, dass die Regeln nicht zu kompliziert sind. Lasst es uns einfach halten oder etwas andereres spielen!

3 In der Schule sollt ihr keine zu kurzen Röcke tragen. Was tust du?

☐ A. Ganz meine Meinung: Die Schule ist doch zum Lernen da.

☐ B. Mir nichts dabei denken: Ich habe genug andere Klamotten, die erlaubt sind, kein Ding.

☐ C. Mich mit anderen zusammentun und gegen diese Beschneidung der Freiheit demonstrieren.

☐ D. Einen Rock mit exakt der Mindestlänge tragen und mich freuen, wenn die Lehrer sich fragen, ob ich die Regel breche oder nicht.

☐ E. Superkurze Röcke anziehen und das nur ändern, wenn ich dazu gezwungen werde.

4 Im Kino findest du ein Portemonnaie mit Bargeld und Kreditkarten unter deinem Sessel. Was tust du?

☐ A. Ich gebe es sofort einem Mitarbeiter – der Besitzer braucht es so schnell wie möglich zurück.

☐ B. Erst mal den Film ansehen und es beim Rausgehen abgeben.

☐ C. Es abgeben und darauf hinweisen, dass man es beim Putzen nicht hätte übersehen dürfen.

☐ D. Etwas Seltsames hineinstecken, etwa ein Foto von deinem Hund, nur um den Besitzer zu verwirren.

☐ E. Es abgeben, aber dir vorher etwas Geld rausnehmen – hey, das ist Finderlohn.

5 Der Park um die Ecke schließt um 22 Uhr, aber deine Freundin will ihren Geburtstag dort mit einem Mitternachtspicknick feiern. Was tust du?

☐ A. Mich unwohl fühlen. Vielleicht könnten wir stattdessen im Garten von jemandem feiern?

☐ B. Wenn sie das will, mache ich mit, aber wir sollten wenig einpacken, damit wir schnell wegkommen.

☐ C. Öffentliche Orte sollten nicht schließen. Zum Beweis sollten wir uns dort gut verhalten.

☐ D. Sagen, dass das klasse klingt, und extra Partyhüte für die Statuen dort einpacken.

☐ E. Mich auf unbeaufsichtigten Spaß freuen – was könnten wir dort Verbotenes anstellen?

6 Dein Nachbar hat vor seinem Haus ein Schild aufgestellt: „Skateboarden VERBOTEN". Dein kleiner Bruder fährt gern Skateboard. Was tust du?

☑ A. Meinem Bruder vorschlagen, ein paar Häuser weiter zu spielen – den Typ reizt man besser nicht.

☑ B. Es ignorieren. Über so was sollte man sich nicht aufregen und der Typ hat nichts in der Hand.

☑ C. Die Stadt anrufen und sie bitten, ihn freundlich zu warnen – er hat kein Recht, Schilder aufzustellen und Dinge zu verbieten.

☑ D. Es heimlich in „Skateboarden verbieten VERBOTEN" und ein großes Smiley ändern.

☑ E. Das Schild abreißen. Wenn er rauskommt und mich anschreit, einfach zurückschreien.

Ergebnisse auf der nächsten Seite ... >

> Regeln
brechen *Ergebnisse*

Vor allem A: Brave Bürgerin

Dein Motto: Das Leben ist für alle besser, wenn es fair zugeht. Du findest, dass die meisten Regeln aus gutem Grund aufgestellt werden. Würden wir sie ignorieren, würde nichts mehr funktionieren – also ist es besser, umsichtig und zuverlässig zu sein. Hoffentlich würdest du eine offensichtlich schlechte Regel nicht befolgen, aber grundsätzlich machst du alles nach Vorschrift. Solange du weniger „korrekten" Menschen gegenüber tolerant bleibst, stehst du mit beiden Beinen fest auf dem Boden.

Vor allem B: Friedliche Teilnehmerin

Du bist nicht darauf aus, die Regeln zu brechen, aber sie sollen dein Leben auch nicht beherrschen. Für dich ist es die Hauptsache, ein guter Mensch zu sein. Regeln werden von Menschen aufgestellt und Menschen sind fehlbar, also sollte man von Fall zu Fall entscheiden. Du weißt, dass man manche Regeln beugen muss. Für dich ist Diplomatie wichtiger, als blind zu folgen.

Vor allem C: Herausforderin

Wir brauchen Regeln, aber diese Regeln müssen richtig sein. Schlimmer als Regeln zu brechen, ist es für dich, sie zu missbrauchen. Manche Menschen setzen ihre Machtposition ein und das bekommen besonders die Verletzlichen zu spüren. Aber nicht mit dir! Du machst den Mund auf. Du hast zwar kein Problem mit Autorität an sich, findest aber, dass Menschen für ihre Taten geradestehen müssen. Wenn du rebellierst, dann offen, sauber und aus eindeutigen Gründen.

> **Niemals, nicht einmal als Kind, habe ich mich einer Regel gebeugt.**
> *Claude Monet*

> „ Ich bin ein langsamer Mensch, voller innerer

Regeln, die als Bremsen

für meine Begierden wirken ... "

F. Scott Fitzgerald, Der große Gatsby

Vor allem D: Unruhestifterin

Ja, wahrscheinlich brauchen wir Regeln, um klarzukommen, aber wenn wir sie zu wörtlich nehmen, sind sie erstickend. Du willst keine Kriminelle oder ein Dummkopf sein, aber wenn sich durch das Umgehen von Autorität ein wenig Spaß haben lässt, wirst du das auf jeden Fall tun. Es ist dir wichtig, die Dinge aufzuwirbeln, damit wir nicht in einen Trott geraten und vergessen, unsere Fantasie einzusetzen. Dir macht kaum etwas Angst und von Regeln lässt du dir nicht den Spaß verderben. Mit ein wenig Stimmung ist alles erträglicher.

Vor allem E: Rebellin

Das Leben gehört den Lebenden und Regeln sind da, um gebrochen zu werden. Für dich ist Autorität bloß ein anderer Name für Wichtigtuer. Du vertraust auf dein eigenes Urteilsvermögen und brauchst niemanden, der dir vorschreibt, wie du zu denken hast. Versuche aber, Regeln nicht nur zu brechen, weil sie bestehen – das würde zu einem Leben mit vielen Konflikten führen. Aber deine Fähigkeit, unter Druck eigenständig zu denken, ist wertvoll. Bewahre dir deinen gesunden Menschenverstand.

> „ **Unerhörtes** Zusammenwirken von Umständen verlangt auch **unerhörte Regeln.** "

Charlotte Brontë, Jane Eyre

WAS
würdest du tun?

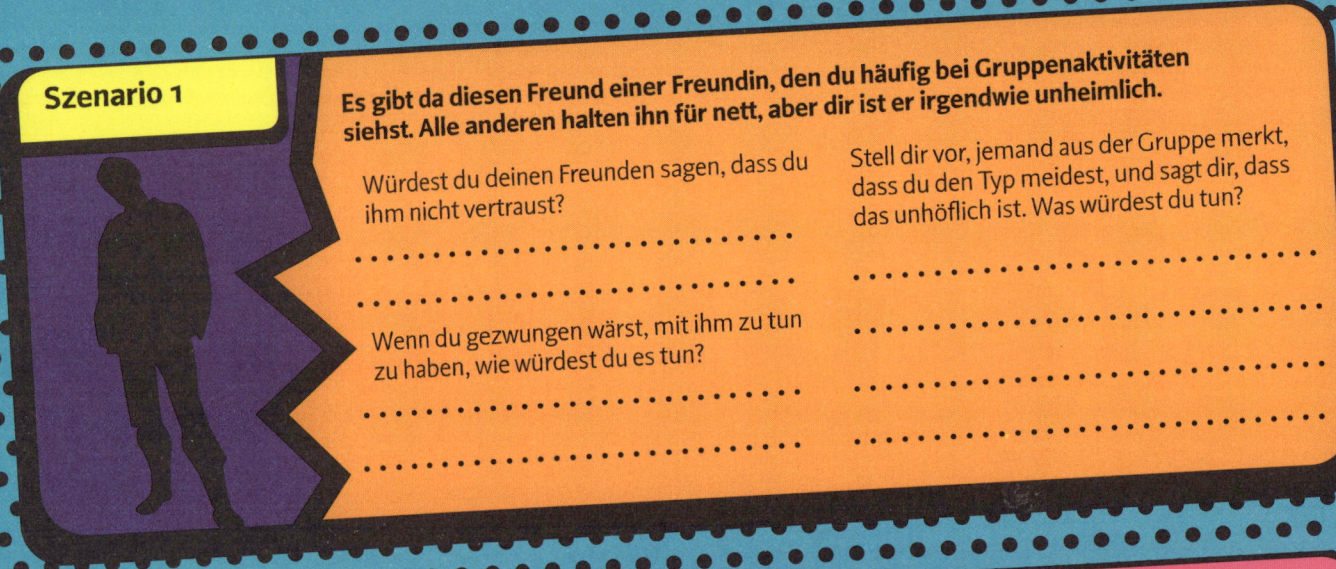

Szenario 1

Es gibt da diesen Freund einer Freundin, den du häufig bei Gruppenaktivitäten siehst. Alle anderen halten ihn für nett, aber dir ist er irgendwie unheimlich.

Würdest du deinen Freunden sagen, dass du ihm nicht vertraust?

....

....

Wenn du gezwungen wärst, mit ihm zu tun zu haben, wie würdest du es tun?

....

....

Stell dir vor, jemand aus der Gruppe merkt, dass du den Typ meidest, und sagt dir, dass das unhöflich ist. Was würdest du tun?

....

....

....

....

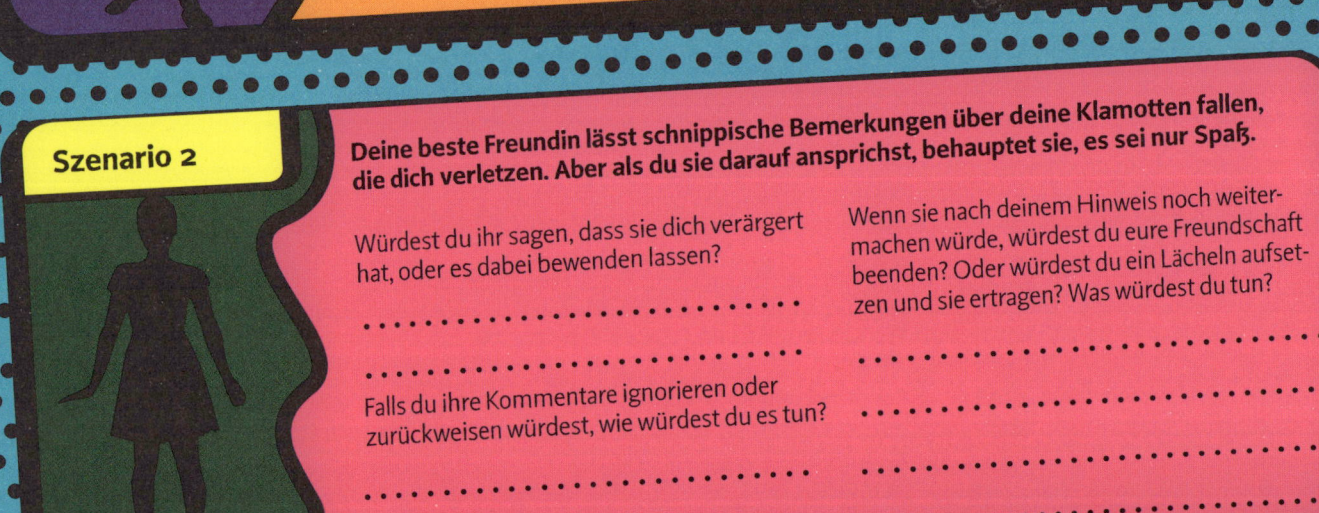

Szenario 2

Deine beste Freundin lässt schnippische Bemerkungen über deine Klamotten fallen, die dich verletzen. Aber als du sie darauf ansprichst, behauptet sie, es sei nur Spaß.

Würdest du ihr sagen, dass sie dich verärgert hat, oder es dabei bewenden lassen?

....

....

Falls du ihre Kommentare ignorieren oder zurückweisen würdest, wie würdest du es tun?

....

....

Wenn sie nach deinem Hinweis noch weitermachen würde, würdest du eure Freundschaft beenden? Oder würdest du ein Lächeln aufsetzen und sie ertragen? Was würdest du tun?

....

....

....

....

Hin und wieder geraten wir in unangenehme Situationen. Das kann alles sein – von einer einfachen Meinungsverschiedenheit mit einer Freundin bis hin zu gefährlichem Gruppenzwang. Wie gehst du mit solchen Situationen um und wie souverän kannst du dich aus ihnen befreien? Vertraust du darauf, richtig zu handeln? Lies die Szenarien unten und notiere anschließend deine Antworten auf die Fragen.

Szenario 3

Zwei gute Freunde verstehen sich zusehends besser und du fühlst dich langsam wie das fünfte Rad am Wagen. Sie beharren aber darauf, dass du genauso wichtig bist.

Würdest du mit anderen Freunden darüber reden?

. . . .

. . . .

Wie weit würdest du für die Freundschaft mit den beiden gehen?

. . . .

. . . .

Wenn sie, darauf angesprochen, das Problem abstreiten würden, würdest du es dabei bewenden lassen? Würdest du dir einen neuen Freundeskreis suchen? Was würdest du tun?

. . . .

. . . .

Szenario 4

Eine Lehrerin, mit der du dich nicht so gut verstehst, gibt dir eine schlechte Note, obwohl du dich echt bemüht hast und dachtest, dass deine Leistung gut war.

Würdest du die Lehrerin auf die Note ansprechen?

. . . .

. . . .

Würdest du infrage stellen, ob deine Leistung wirklich so gut war?

. . . .

. . . .

Falls du die Lehrerin auf die Note angesprochen hast, sie aber abgelehnt hat, darüber zu diskutieren, würdest du es deiner Familie sagen? Würdest du dich an die Schulleitung wenden? Was würdest du tun?

. . . .

. . . .

Blättere um ... >

< WAS
würdest du tun?

Szenario 5

Eine Freundin taucht bei dir zu Hause auf und will mit dir ein Straßenschild klauen. Du hältst das für eine schlechte Idee, aber sie beharrt darauf, dass es Spaß machen wird.

Würdest du auch entgegen deinem Instinkt mitmachen?

....

....

Würdest du versuchen, sie davon abzuhalten?

....

....

Falls du ablehnst, würdest du jemand von ihrem Plan erzählen? Würdest du sie machen lassen, ohne sie zu verraten? Was würdest du tun?

....

....

....

Szenario 6

Ein guter Freund, den du schon lange kennst, bittet dich um ein Date. Doch du hast kein Interesse an einer romantischen Beziehung mit ihm.

Würdest du dich komisch fühlen, wenn du ihn das nächste Mal siehst?

....

....

Würdest du deinen anderen Freunden erzählen, dass er mit dir ausgehen wollte?

....

Würdest du dem Date zustimmen, nur um deinen Freund glücklich zu machen? Oder würdest du es ihm schonend beibringen? Was würdest du tun?

....

....

....

Was würdest du in diesen unangenehmen Situationen tun? Lies sie allein und denke über deine Antworten nach oder wechsle dich beim Vorlesen mit Freunden ab und besprecht eure Reaktionen.

Du hast eine schlechte Note in einem Test bekommen und deine Eltern wollen darüber sprechen. Wie gehst du damit um?

Du und deine beste Freundin schwärmen für die gleiche Person. Was würdest du tun?

Bei der Gruppenarbeit wird dir ein Partner zugeteilt, den du nicht besonders magst. Er schlägt vor, dass ihr bei dir zu Hause lernt. Was würdest du sagen?

Du hast vergessen, dass du arbeiten musstest, und dein Chef verlangt eine Erklärung. Was würdest du sagen?

Du wirst erwischt, als du dich abends rausschleichen willst, und deine Eltern sind wütend. Was tust du?

Bei der Schuldisco hat jemand dasselbe Kleid an wie du und bittet dich, nach Hause zu gehen und dich umzuziehen. Würdest du es tun?

Ein netter Klassenkamerad möchte mit dir auf eine Party gehen, aber du würdest lieber mit jemand anders gehen. Was würdest du sagen?

Deine beste Freundin sagt dir, dass sie weniger Zeit mit dir verbringen will, aber nicht warum. Was würdest du tun?

Du bist zum Abendessen bei einer Freundin und ihre Mutter serviert ein Gericht, das du nicht magst. Würdest du etwas sagen?

Es sind die kleinen Dinge

So viele große Ereignisse wie Ferien, Abschlussball, der 18. Geburtstag ...
Da ist es leicht, sich in diesen bedeutsamen Anlässen zu verfangen und zu
vergessen, dass unser Leben vor allem aus kleinen Momenten besteht –
und die ergeben zusammen etwas ziemlich Wunderbares.

Hier ist eine Herausforderung: Bemühe dich einen ganzen Tag lang, die kleinen Momente zu bemerken.
Liste hier alles Nette, Freundliche, Ehrliche oder Beeindruckende auf, das die Menschen um dich herum tun.

....

....

....

....

....

....

....

....

....

....

Zusatzherausforderung: Nimm dir ein Beispiel! Nachdem du gesehen hast, wie
viel Gutes um dich herum passiert, würdest du es nicht gern an andere weitergeben?
Wie sorgst du dafür, dass die guten Vorsätze nicht in Vergessenheit geraten?

„Kein Akt der Güte, egal wie klein, ist je verschwendet."

Aesop

Wohltätigkeit

Eine für alle und alle für eine!

Egal wie unterschiedlich wir sein mögen, wir sitzen alle im selben Boot auf diesem Planeten. Und die meisten von uns würden gern etwas tun, um das Leben für ihre Mitmenschen angenehmer zu gestalten. Mit genügend Zeit und Geld würden wir wahrscheinlich Unmengen von guten Zwecken unterstützen, aber in echt müssen wir uns meist für einige wenige entscheiden. Die Organisationen und Projekte, die uns am Herzen liegen, verraten viel über unsere Ideale und Werte. Was sagen deine über dich?

SIEH DIR DIESE CHECKLISTE AN UND HAKE DIE FÜNF THEMEN AB, DIE FÜR DICH AM INSPIRIERENDSTEN, DRINGLICHSTEN ODER WICHTIGSTEN SIND.

- Umwelt
- Menschenrechte
- Hilfe für Obdachlose
- Erforschung von Medikamenten
- Krankenpflege
- Soziale und politische Gerechtigkeit
- Essen für Hungernde
- Katastrophenhilfe
- Hilfe für missbrauchte Kinder
- Unterstützung für Behinderte
- Tierwohl
- Erhalt von Kulturschätzen
- Rettung bedrohter Arten

- Hilfe für Entwicklungsländer
- Hilfe für Soldaten und ihre Familien
- Sauberes Wasser
- Rettung von Flüchtlingen aus Seenot
- Verbesserung von Bildungschancen
- Internationale medizinische Hilfe
- Hilfe für Opfer häuslicher Gewalt
- Erhalt des Regenwalds
- Beratung für Menschen in Notlagen
- Stärkung der Gemeinde
- Organspende
- Kulturelle Vielfalt, einschließlich einer alternativen Kulturszene

Was kannst DU tun, um zu helfen?

Wir alle haben Talente, die wir für wichtige Initiativen einsetzen können. Kreuze unten **fünf Aussagen** an, die am ehesten auf dich zutreffen, dann erfahre mehr.

„Ich setze meine **Hobbys und Talente** für die **gute Sache** ein."

„Es ist toll, gegen **Ungerechtigkeit** zu kämpfen."

„Ich bin ein guter **Redner**."

„Ich finde gern **neue Freunde**."

„Ich kann Dinge **ins Rollen** bringen."

„**Harte Arbeit** stört mich nicht, wenn es wichtig ist."

„Ich treffe gern **neue Leute**."

„Ich bin **organisiert** und **verlässlich**."

„Um **Geld** bitten? **Kein Problem**."

„**Herausforderungen** blicke ich mutig entgegen."

„Ich bin **taktvoll** und **überzeugend**."

„Ich bin **zupackend**."

Vor allem ROT:
Wohltätige Organisationen können ohne Geld nichts ausrichten und brauchen daher Freiwillige, die es für sie sammeln. Es klingt ganz so, als seist du einer dieser Menschen. Ob du nun Spenden für ein eigenes Projekt eintreibst oder bei einem großen Event hilfst, du sorgst dafür, dass Geld nur so hereinströmt.

Vor allem BLAU:
Die meisten Probleme verschwinden nicht, wenn man sie nett bittet, und an diesem Punkt brauchen wir Leute, die die Fahnen schwenken oder die Barrikaden besetzen. Du bist mit Leidenschaft dabei und zeigst Mut, wenn er gefragt ist. Ungerechtigkeit begegnest du furchtlos und direkt. Als Aktivistin würdest du eine gute Figur abgeben!

Vor allem GRÜN:
Manche guten Sachen brauchen unglaublich viel Organisation, viel mehr als ein Einzelner stemmen kann. Hier sind Menschen gefragt, die Anrufe tätigen, an Türen klopfen, im Internet posten und die Grundaufgaben bewältigen. Das ist eher ein Marathon als ein Sprint. Aber Leute wie du versetzen am Ende Berge.

Vor allem LILA:
Wenn Wohltätigkeit zu Hause beginnt, endet für dich dein Zuhause nicht an der Haustür. Es wäre vielleicht eine gute Idee, in deinem Stadtteil aktiv zu werden, ob du nun im Jugendzentrum mitarbeitest oder den Fluss von Müll befreist. Menschen wie du können Leben verändern und eine ganze Gemeinde gesünder, glücklicher und schöner machen.

Unter Druck

Es lässt sich nicht abstreiten:

Ein Teenager zu sein ist stressig! Der tägliche Hormon-
cocktail fürs Gehirn, der Druck, sich wie ein verantwor-
tungsvoller Erwachsener und zugleich wie ein gehor-
sames Kind zu verhalten, die ständigen Forderungen
nach guten Noten und Gedanken an die Zukunft, die
alltäglichen Dramen in Freundeskreis und Familie … ein
wahres Wunder, dass du noch nicht durchgedreht bist.

Atme tief ein. Du kannst den Stress in deinem
Leben nicht ganz vermeiden – aber sobald du weißt,
was dich aufregt, kannst du Wege finden, ihn in den Griff
zu kriegen.

WAS SIND DEINE GRÖSSTEN STRESSFAKTOREN?

„So viel **Verantwortung** bei einem so engen **Zeitplan** ist anstrengend."

Gabriele, 18

WANN UND WIE OFT FÜHLST DU DICH GESTRESST? (IMMER, MANCHMAL, FAST NIE ...)

WAS EMPFINDEST DU, WENN DU TOTAL GESTRESST BIST?

WEM TRAUST DU ES ZU, DIR AUS EINER STRESSIGEN SITUATION HERAUSZUHELFEN?

Blättere um ... >

Unter Druck
Stressbewältigung

Wenn unser Gehirn Stresssignale empfängt, verfallen wir leicht in Panik. Unter diesem Druck geht es mit unserem Erinnerungs-vermögen, der Impulskontrolle, Konzentration und Lernfähigkeit rapide bergab. Es fällt uns viel schwerer, klar zu denken, wenn wir gestresst sind. Wenn dir das Leben über den Kopf wächst, probiere mal eine dieser Techniken zur Stressbewältigung aus.

SPORT:
Selbst leichtes Training hat einen starken Effekt auf die Stimmung. Sich gesund zu fühlen, hat außerdem noch nie jemandem geschadet …

DIE „REDEKUR":
Von anderen Unter-stützung zu bekommen, wirkt beruhigend. Und Dinge zu besprechen kann dir dabei helfen, deine Gedanken zu sortieren.

GROSSZÜGIG SEIN:
Eine Methode, unsere eigene Stärke zu spüren, ist es, etwas für jemand anders zu tun. Sich selbst als Geber wahr-zunehmen, kann der Hilflosigkeit entgegenwirken.

Verschiedene Menschen gehen unterschiedlich mit Stress um. Welche dieser Techniken funktionieren für dich am besten? Welche anderen Methoden setzt du ein, um in stressigen Momenten einen kühlen Kopf zu bewahren?

> **"Das Schwierigste am Teenagerdasein ist es, mit all dem Stress umzugehen. "**
> Alex, 16

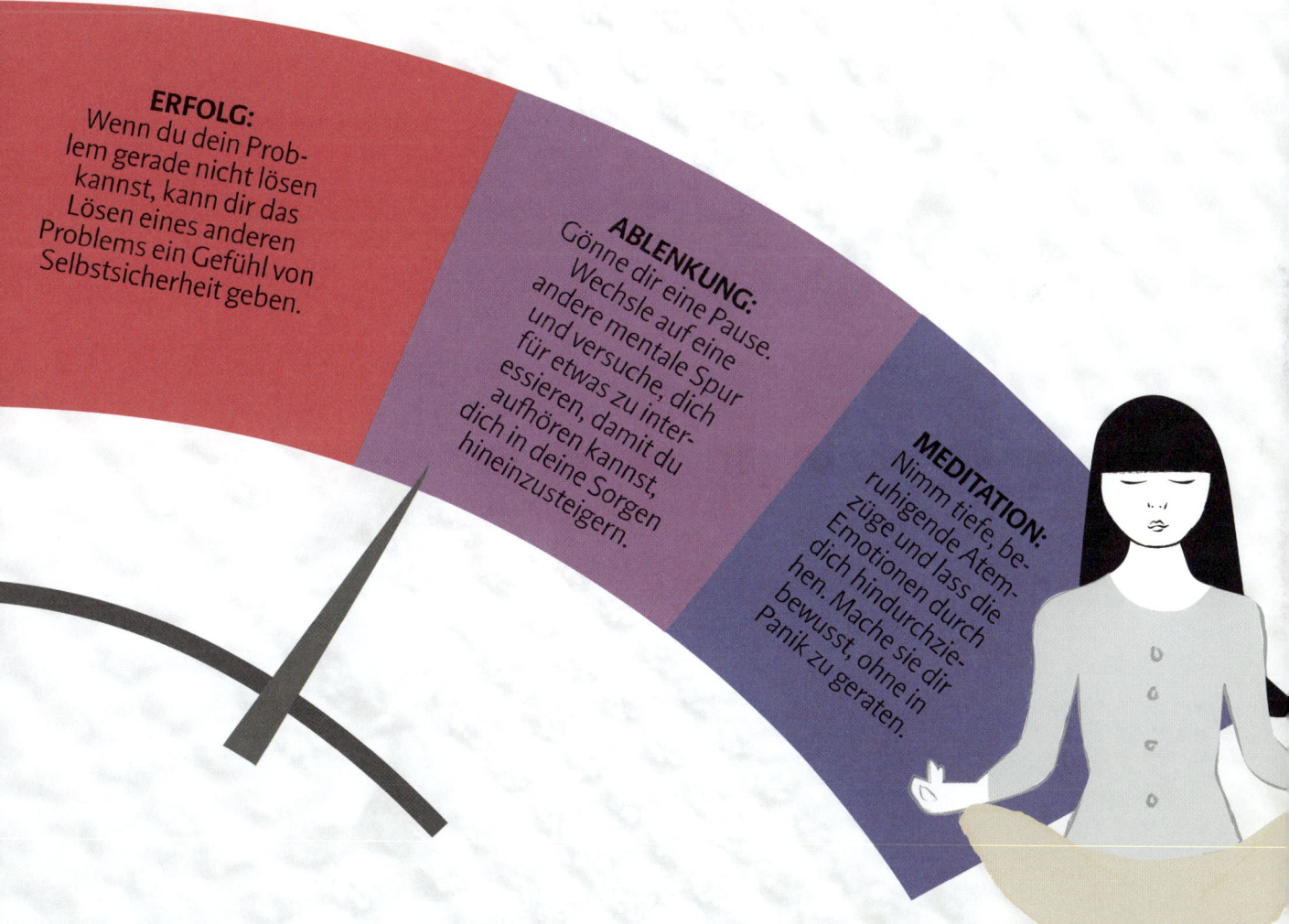

ERFOLG:
Wenn du dein Problem gerade nicht lösen kannst, kann dir das Lösen eines anderen Problems ein Gefühl von Selbstsicherheit geben.

ABLENKUNG:
Gönne dir eine Pause. Wechsle auf eine andere mentale Spur und versuche, dich für etwas zu interessieren, damit du aufhören kannst, dich in deine Sorgen hineinzusteigern.

MEDITATION:
Nimm tiefe, beruhigende Atemzüge und lass die Emotionen durch dich hindurchziehen. Mache sie dir bewusst, ohne in Panik zu geraten.

> **"Ein Teenager zu sein, ist, als ob man gesagt kriegt: ‚Jonglier das mal', bevor man jonglieren gelernt hat."**
> Laura, 14

Du & die Medien

Kauf dies!

Logo

Kauf das!

Reizüberflutung

Wir leben in einer Welt, in der es schwierig ist (fast sogar unmöglich), den Medien zu entkommen. Selbst wenn man nur die Straße runterläuft, hört man wahrscheinlich Autoradios plärren, läuft an Plakatwänden vorbei, sieht Logos auf den Kaffeebechern und Klamotten der Menschen ...

Die meisten von uns gewöhnen sich daran, das meiste davon auszublenden und sich auf das zu konzentrieren, was sie tatsächlich konsumieren möchten. Doch auch Werbung, auf die wir nur einen kurzen Blick werfen, erreicht unser Gehirn – deshalb ist es wichtig, darüber nachzudenken, wie viel Information uns wirklich umgibt.

VERSUCH MAL DAS HIER:
Notiere dir einen ganzen
Tag lang alle Medien, die du
benutzt, egal ob freiwillig oder
gezwungenermaßen. Dazu
gehören Fernsehen, Bücher,
Kino, Musik, Internet, Werbung,
Logos, Radio, Zeitung und was
dir sonst noch auffällt.

Auf der nächsten Seite ist mehr Platz für Notizen ... >

ÜBERFORDERT VON DER

MEDIENFLUT?

Hier gibt's Expertentipps.

LIEBER NICHT | HILFREICH

LIEBER NICHT	HILFREICH
Medien nutzen, die dafür sorgen, dass du dich unsicher oder wertlos fühlst.	Die Informationen aus Medien, besonders die in der Werbung, kritisch betrachten.
Medien in Anspruch nehmen, die hasserfüllte oder gemeine Botschaften verbreiten.	Verstehen, dass Medien nicht immer objektiven Rat geben. Oft wollen sie nur an dein Geld oder deine Meinung beeinflussen.
Deine Kamera oder Handykamera so häufig benutzen, dass du spannende Momente gar nicht mehr direkt erlebst.	Dir Zeit nehmen, um zu entscheiden, ob du dem Gelesenen zustimmst.
	Dir über deine Ansichten klar werden.
Angst haben, dein Smartphone oder Tablet hin und wieder mal zu Hause zu lassen. Es kann befreiend sein, auch mal abzuschalten.	Im Auge behalten, wie vielen Medien du dich aussetzt und wie du dich dadurch fühlst.
	Die Zeit begrenzen, die du täglich in sozialen Netzwerken verbringst, besonders, wenn du glaubst, sie zu häufig zu nutzen oder gar „süchtig" zu sein.
Dich unter Druck gesetzt fühlen, deine Meinung aufgrund dessen zu ändern, was die Medien dir vorgeben.	Wenn du dich von der Medienflut überwältigt fühlst, auf Entzug gehen: Fahre zelten, spaziere durch den Park oder unterhalte dich mit einem Freund.

Kunst–werk

Die Zeit überdauern

Wenn Kulturen untergehen und ihre Geschichte in Vergessenheit gerät, bleibt die Kunst, die ihre Menschen erschufen. Kunst ist ein mächtiger Weg, um Individualität und Unabhängigkeit auszudrücken. Der Mensch findet neue Wege, sich schöpferisch mitzuteilen und seine künstlerischen Grenzen zu erweitern.

1 MITHILFE WELCHER KUNST-
FORMEN DRÜCKST DU DICH AUS?

2 FORMULIERE EIN
PLÄDOYER:
Was bedeutet Kunst für dich?

3 SIEH DIR DIESE BERÜHMTEN
GEMÄLDE IM INTERNET ODER IN
EINEM KUNSTFÜHRER AN.
Welche Wörter oder Gefühle kom-
men dir in den Sinn, wenn du sie
betrachtest?

Jan Vermeers „Das Mädchen
mit dem Perlenohrgehänge"

Vincent van Goghs
„Sternennacht"

Edvard Munchs „Der Schrei"

Gustav Klimts „Der Kuss"

Edgar Degas' „Tanzunterricht"

Georgia O'Keeffes „Blue and Green
Music"

Jackson Pollocks „Blue Poles: No. 11,
1952"

Gestalte hier dein eigenes Kunstwerk.
Du kannst zeichnen, Fotos oder Bilder aus Zeitschriften
einkleben, ein Gedicht oder einen Liedtext schreiben ...
Suche dir ein Medium aus und drücke dich darüber aus.

Blick in die Zukunft

Was erwartet dich?

Ist die Zukunft ein Berg, den du unbedingt besteigen willst, ein gewundener Pfad, der deine Neugier weckt, oder eine neblige Landschaft, die du lieber nicht durchwandern würdest?

Uns wird immer geraten, für die Zukunft zu planen. Manchen von uns gelingt das besser als anderen. Doch vielen kommt langfristige Planung beinahe unmöglich vor. Woher sollst du jetzt wissen, was du in fünf Jahren wollen könntest, wenn du dir noch nicht mal sicher bist, was du in fünf Wochen willst?

Dieses Quiz hilft dir, deine Gedanken zu sortieren.

Wähle eine Antwort pro Frage, um deine Einstellung zur Zukunft herauszufinden.

Denk drei oder vier Jahre zurück. Bist du jetzt dort, wo du dich damals gesehen hättest?

A. Im Grunde ja, glücklicherweise.

B. Im Grunde ja. Ich hab mich damit abgefunden, aber glücklich bin ich nicht.

C. Ganz und gar nicht. Ich bin heute ein ganz anderer Mensch als damals!

D. Ehrlich gesagt, ich bin mir nicht sicher. Damals wusste ich einfach nicht, was ich erwarten sollte.

Jemand stellt dir die „Wo siehst du dich in zehn Jahren?"-Frage. Was tust du?

A. Meinen ausgeklügelten Plan bereitwillig mit ihm besprechen. Vielleicht hat er ja noch einen guten Rat für mich.

B. Ihm von meinem Plan erzählen, aber nur kurz. Ich hab die Nase voll davon, darüber zu reden.

C. Mehrere Möglichkeiten aufzählen – in zehn Jahren kann eine Menge passieren.

D. Das Thema wechseln. Ich habe keinen Plan und möchte dazu keine Fragen gestellt bekommen.

Du musst Freiwilligen-dienst für ein Sozialprojekt der Gemeinde oder einen gemeinnützigen Verein leisten. Wofür entscheidest du dich?

A. Für etwas Produktives, wo ich Fähigkeiten lerne, die mir bei meinen langfristigen Zielen helfen.

B. Für etwas Spannendes, das mir die Chance bietet, etwas Neues auszuprobieren.

C. Für etwas Soziales, wobei ich interessante Menschen kennenlerne.

D. Für etwas Bedeutendes, das meine Überzeugungen und Werte widerspiegelt.

Spielen deine Pläne für die Zukunft eine Rolle in deinen Tagträumen?

A. Ja: Ich habe einen Traum und stelle mir gern vor, wie ich damit Erfolg habe.

B. Ich flüchte mich eigentlich eher aus Angst vor der Zukunft in Tagträume.

C. Manchmal. Ich teste so verschiedene Möglich-keiten aus und sehe, wie es sich anfühlt.

D. Für gewöhnlich nicht. Meine Tagträume gehören anderen Themen.

Wie stehst du zu den Wörtern *Schicksal* und *Vorherbestimmung*?

A. Ich will mein Schicksal beherrschen.

B. Diese Wörter klingen irgendwie deprimierend.

C. Sie klingen spannend, aber ich nehme sie nicht allzu ernst.

D. Es wäre schön, wenn alles vorherbestimmt wäre. Ich wünschte, das Leben wäre so einfach.

Dir bietet sich eine Möglich-keit, die gut klingt, dich aber in eine ganz unerwartete Richtung führen würde. Was tust du?

A. Mit Bedauern ablehnen. Ich habe mein Ziel fest im Blick und weiß, was ich will.

B. Die Gelegenheit ergreifen und hoffen, dass meine Familie und Freunde nicht dagegen sind.

C. Es ausprobieren und abwarten, wie sich die Sache entwickelt.

D. Erleichtert annehmen: Eine unerwar-tete Richtung ist besser als gar keine!

Es ist Berufsmesse in der Schule und Menschen aus ganz verschie-denen Gesellschaftsschichten beraten euch. Was tust du?

A. Mich auf die Person stürzen, die mir am meisten helfen und etwas empfehlen kann.

B. Pflichtbewusst mit den richtigen Leuten reden, es aber nicht genießen.

C. Mit allen sprechen, die interessant wirken.

D. Umherlaufen und wahllos jemandem zuhören.

Blättere um ... >

> Blick in die Zukunft

Was zeigen deine Antworten?

Vor allem A:

Du weißt, wer du bist, das steht fest! Du hast einen Traum und überlegst gern, wie du ihn erreichen könntest: Dein Leben weist in eine eindeutige Richtung und so willst du es auch. Für dich ist das Streben nach Zielen angenehm. Pläne rufen in dir eine wohltuende Vorfreude auf eine großartige Zukunft hervor.

Im besten Fall: Du hast eine Berufung, die du dein Leben lang verfolgst. Und wenn du alles erreicht hast, kannst du mit echter Zufriedenheit auf gut genutzte Zeit zurückblicken. Vielleicht wird dein Erfolg unglaublich und welt-verändernd sein, vielleicht erfreut er auch einfach im Stillen. Wie dem auch sei, du hast deine Wahl getroffen, hast sie gelebt und nie in Zweifel gezogen.

Im schlimmsten Fall: Du widmest dein Leben einem einzigen Ziel und es wird nichts, sodass du dich wie ein Versager fühlst. Um dich davor zu schützen, sorge dafür, dass dein Traum, egal wie wichtig er dir ist, nicht das Einzige ist, das dich glücklich macht oder deinem Leben Sinn gibt. Andere Quellen für Freude und Unterstüt-zung können deinen späteren Erfolg nur bereichern und den Unterschied zwischen Weisheit und Verbitterung ausmachen.

Vor allem B:

Jemand hat Pläne für dein Leben, aber ist dieser Jemand du? Manche von uns wählen ihre eigenen Träume, andere haben mit Druck von außen zu kämpfen: ehrgeizige Familien, schwierige Bedingungen, eingeschränkte Möglichkeiten, Angst davor, die erstrebenswerteren langfristigen Ziele zu verfolgen. Du weißt, wohin du gehst, aber es klingt nicht so, als wärst du sonderlich begeistert davon.

Im besten Fall: Du bleibst bei deinen Zielen und erlangst so Erfüllung und Zufriedenheit. Dadurch arrangierst du dich mit deinen Entscheidungen und machst eine Erfolgsgeschichte daraus, wirst glücklich und weise. Alternativ entdeckst du eine Abzweigung von deinem Weg, folgst ihr und erreichst einen viel besseren Ort, als du erwartet hättest.

Im schlimmsten Fall: Du folgst der vorgegebenen Route, findest aber nie Gefallen daran. Wenn es schlecht läuft, wirst du frustriert und bedauerst, dass du die Chance auf einen spannenderen Weg nicht genutzt hast. Wenn es gut läuft, sind die Dinge okay, aber immer nagt dieser Gedanke an dir, dass das Leben doch mehr zu bieten haben muss.

Vor allem C:

Die Zukunft macht dich weniger ängstlich als neugierig, sie könnte eine Vielzahl spannender Möglichkeiten bereithalten. Wahrscheinlich hast du Talente in mehreren Bereichen und hast es nicht eilig, dich auf einen einzigen festzulegen. Dir ist schließlich bewusst, dass jede Wahl ihre Vorteile hat, und du ahnst, dass eine Entscheidung bedeuten würde, andere Optionen aufzugeben.

Im besten Fall: Du lernst aus allem, was du ausprobierst, und wirst so ein dynamischer, vielseitiger Mensch, der aus seinen verschiedenen Erfahrungen und Fähigkeiten einen umso reicheren Erfolg macht. Das Leben hat auch mal steinige Abschnitte, aber nichts ist verschwendet, und am Ende willst du auch keine Erfahrung missen.

Im schlimmsten Fall: Du verschwendest deine Energie auf verschiedene Projekte, die zu nicht viel führen. Dabei ist dir bewusst, dass du Großes leisten könntest, schaffst es aber nicht, dich dafür lange genug auf eine Sache zu konzentrieren. Am Ende ist dein Leben enttäuschend und voll von verpassten Gelegenheiten. Um dich davor zu schützen, versprich dir, dass du ein Projekt nie an den Nagel hängst, bis du es nicht ausreichend lange versucht hast – oder zumindest etwas Nützliches daraus gelernt hast.

Vor allem D:

Woher sollst du wissen, was du willst, wenn du dir noch gar nicht sicher bist, wer du bist? Für derart große Entscheidungen bist du einfach noch nicht bereit. Das ist alles ein wenig überwältigend und du brauchst Raum zum Atmen. Wahrscheinlich hast du ein paar Träume, aber sie erscheinen dir unrealistisch, oder du brauchst noch etwas Zeit.

Im besten Fall: Indem du Dinge ausprobierst, entdeckst du deine Stärken und Talente und arbeitest so Schritt für Schritt auf eine Zukunft hin, die umso besser ist, da ihre Wahl auf Erfahrungen beruht. Du erkennst realistische Wege, deine wahren Träume zu verfolgen und zu verwirklichen, indem du ein sowohl flexibles als auch erfüllendes Leben lebst.

Im schlimmsten Fall: Du akzeptierst, was dir am einfachsten erscheint, damit du keine Entscheidung treffen musst, und steckst so auf einem Weg fest, der dir keinen Spaß macht, aber von dem du auch nicht runterkommst. Du weißt, dass du unglücklich bist, aber du fühlst dich unfähig herauszufinden, was nötig ist, um deine Lage zu verbessern. Um dich davor zu schützen, sieh dich vor der vermeintlich einfachen Option vor und nimm dir Zeit, wenn auch nur ganz privat, an Dingen zu arbeiten, die dir wichtig sind, egal wie unerreichbar sie scheinen.

Liebes zukünftiges Ich ...

Schreibe auf diesen Seiten einen Brief an dein zukünftiges Ich.
Was hoffst du, dass es erreicht hat? Woran willst du es erinnern?
Was sollte es niemals vergessen?

„Ich fürchte mich nicht vor **Stürmen**, denn ich lerne, mein **Schiff** zu steuern. "

LOUISA MAY ALCOTT,
BETTY UND IHRE SCHWESTERN

Dank

Der DK Verlag dankt den folgenden Personen für ihre Hilfe bei der Entstehung dieses Buchs: Joannah Ginsburg für ihre Einblicke und ihre Beratung, Nancy Ellwood für editoriale Scharfsinnig- und Großartigkeit, Martha Burley für Unterstützung und Beratung beim Lektorat, Kate Fenton und Rose Frankland für Illustrationen, Jennifer Chung und Sarah Tibbling für Lektoratsassistenz, Darren Baldwin für die Fotos in der linken oberen, rechten oberen und linken unteren Ecke auf Seite14, Elizabeth Yeates und Harriet Yeomans für Hilfe in frühen Stadien des Buchs, Rosie Chen für ihre Hilfe, unseren Umfrageteilnehmern Alex, Cameron, Gabrielle, Imogen, Jennifer, Kath, Kay, Laura-Alice, Lauren, Mina, Molly, Natalie, Nicolette und Sarah sowie unseren Mittagspausen-Quiztestern Kimberly, Sarah, Jennifer, Kristen und Kell.

Danke!